Rudolf Kaiser

Indianischer Sonnengesang

HERDER / SPEKTRUM

Band 4143

Das Buch

„Großes Geheimnis, dessen Stimme ich in den Winden vernehme, dessen Atem der Welt Leben gibt, ich brauche deine Kraft und Weisheit" – die indianische Spiritualität ist von einer seltenen Sensibilität und Ganzheitlichkeit. Behutsam rührt sie an das verborgene Geheimnis des Lebens und beschwört die Harmonie des Universums. Himmel und Erde durchdringen sich; die heiligen Dinge sind untrennbar von den gewöhnlichen; spirituelle Kräfte sind in allem gegenwärtig wirksam. „Das Herz des Menschen fern von der Natur wird hart. Mangel an Achtung vor dem, was wächst und lebt, führt schnell zu einem Mangel an Achtung vor dem Menschen" – lautet die indianische Schlüsselbotschaft, die mahnend zu uns herüberklingt.
Rudolf Kaiser hat die schönsten Zeugnisse indianischer Spiritualität gesammelt: Dokumente einer tiefen Verbundenheit von Mensch und Natur. Ein bewegender Einblick in die indianische Seele.

Der Autor

Rudolf Kaiser, Dr. phil., Professor für Anglistik, beschäftigt sich seit Jahren mit den Indianerkulturen Nordamerikas. Zahlreiche Veröffentlichungen. In Herder/Spektrum erschien zuletzt: „Die Erde ist uns heilig. Die Reden des Chief Seattle und anderer indianischer Häuptlinge" (Band 4079). In Vorbereitung: „Indianische Kinder- und Wiegenlieder" (Band 4220).

Rudolf Kaiser

Indianischer Sonnengesang

Die Weisheit der Erde in der Spiritualität
nordamerikanischer Indianer

Herder
Freiburg · Basel · Wien

Für Thomas und Heidrun
Nils und Finnja

mit aller Heiterkeit des Geistes

Für vielfache Hilfe bei der Gestaltung
des Manuskripts danke ich Frau Elisabeth Steinort
und Frau Annette Linde, Hildesheim.

Originalausgabe

3. Auflage

Jeder Mensch ist Teil eines Ganzen, das wir Universum nennen. Jeder erfährt sich selbst, seine Gedanken und Gefühle allerdings als etwas vom Rest Abgetrenntes. Das ist eine Art optische Täuschung des Bewußtseins. Diese Sinnestäuschung ist für uns eine Art Gefängnis, das uns auf unsere persönlichen Bedürfnisse und auf die Gefühle für die wenigen uns nahestehenden Menschen beschränkt. Unsere Aufgabe ist es, uns aus diesem Gefängnis zu befreien, den Radius unseres Mitgefühls auszudehnen auf alle Lebewesen und die gesamte Natur in ihrer Schönheit.

(Albert Einstein)

Wir erfuhren, was die Indianer damit meinten,
das Leben als ein Ganzes zu betrachten.
Aus dieser Sichtweise kam ihr Schlüsselwort:
‚respect‘ – ‚Achtung‘.

>   Achtung vor dem Kind,
>   vor der Mutter,
>   vor der Heimat,
>   vor dem Clan,

Achtung vor allen Menschen;
Achtung vor Tieren und Pflanzen,

>   Achtung vor dem Wetter,
>   vor der Sonne,
>   vor dem Mond,
>   vor den Sternen,

Achtung vor Mutter Erde.
Und über allem:
Achtung vor der großen geistigen Kraft,
die hinter allem steht
und die das Leben möglich und lohnend macht.“

(Sylvester M. Morey)

Inhalt

Vorwort

Viele Texte indianischer Spiritualität unterscheiden sich deutlich von entsprechenden Texten aus unserem christlichen Kulturraum. So finden wir etwa die direkte Anrede eines persönlichen Gottes, die uns selbstverständlich erscheinen mag, in indianischen Texten seltener. In ihnen werden häufig die Erde oder der Kosmos angesprochen – oder auch, wie in dem Gebet eines Sioux-Indianers, eine kleine Maus. Offensichtlich erfahren Indianer vor allem in der Natur das Wirken göttlicher Kräfte.

Außerdem sind in ihrem Verständnis Natur und Übernatur, Diesseits und Jenseits nicht – wie bei uns – eindeutig getrennte Bereiche. Vielmehr durchdringen sie einander unentwegt; die heiligen Dinge des Lebens sind untrennbar von den gewöhnlichen; spirituelle Kräfte sind in allem Weltlichen gegenwärtig und wirksam. Indianische Gebete sprechen darum oftmals nicht von – oder zu – einer anderen, einer jenseitigen Welt, sondern von – und zu – der Welt, die den Menschen hier im täglichen Leben umgibt und die zugleich materiell und spirituell, „dies-

seitig" und „jenseitig" ist. Dinge des Lebens sind durchsichtig für die innewohnende spirituelle Energie.

Wenn Indianer diesen spirituellen Kräften einen Namen geben, so finden wir einerseits unterschiedliche Benennungen bei verschiedenen Stämmen (z. B. „Wakan Tanka", „Manitou", „Usen", „Sila", „Sakoiatison"), andererseits bündeln sich diese Namen immer wieder in dem einen Begriff „Großes Geheimnis". Darin bringen Indianer zum Ausdruck, daß der Urgrund der Kräfte und Energien, die alles Seiende durchdringen und ihm Leben und Existenz geben, unerkennbar und unerklärbar, eben ein „Großes Geheimnis" bleibt.

Auffallend für uns ist auch, daß viele der indianischen Texte ihren Ursprung in religiösen Zeremonien und Riten haben. Das mögen Heilungs- oder Reinigungszeremonien sein, Initiationsriten – in denen das Erwachsenwerden junger Menschen gefeiert wird – oder Segensriten allgemeiner Art. Das traditionelle religiöse Leben der meisten Indianer ist stark durch solche „heiligen Handlungen" bestimmt, aus denen dann zahlreiche heilige Texte erwachsen.

Aus diesem Ursprung vieler Gebete erklärt sich wohl auch ein weiteres Charakteristikum, nämlich das der Wiederholung. Worten, die bei Riten oder Zeremonien gesprochen werden, wird eine große Wirkungsmacht zugeschrieben. Sie verändern, indem sie heilen, reinigen oder segnen. Sie schaffen also eine neue Wirklichkeit. Diese Wirksamkeit der Sprache er-

fordert Anstrengung, und diese Anstrengung wird in der Wiederholung bestimmter Wendungen und Sätze spürbar.

Wenn Sprache, die im Rahmen einer heiligen Handlung gebraucht wird, Wirklichkeit verändern, also eine neue Wirklichkeit schaffen kann, dann ist der Mensch durch seine Sprache selbst am kosmischen Schöpfungsprozeß beteiligt. So ist es wohl zu erklären, daß sich unter diesen indianischen Gebeten weniger Bittgebete derjenigen Art finden, wie wir sie kennen. Es herrschen vielmehr Texte vor, welche die Kraft der Sprache und die Harmonie des Universums machtvoll beschwören.

Zahlreiche Texte bringen zudem den Gedanken des Segens in vielfacher Weise zum Ausdruck. Bei anderen schließlich steht das Danken im Vordergrund. Es ist ein zentraler Aspekt indianischen Denkens und Betens, immer wieder Dank zu sagen: Dank für den Tag und Dank für die Nacht; Dank für das Licht und die Wärme der Sonne; Dank für die Gaben der Erde; Dank für den Augenblick des Glücks, Dank für das Leben; Dank für alles. Denn alles ist Geschenk.

Aus dem Gesagten wird deutlich, daß viele dieser Texte indianischer Spiritualität in überraschender Eindringlichkeit wichtige Aspekte ihres Denkens, Fühlens und Wollens spiegeln. In ihnen kommen Weltansichten und Werthaltungen dieser Menschen zum Ausdruck. Dabei wird in der Beziehung des Menschen zum Göttlichen auch die Beziehung des

einzelnen zu sich selbst, zum Mitmenschen und zur Natur sichtbar.

Vor allem treten Haltungen in den Vordergrund, die wir mit Begriffen wie „Weltfrömmigkeit" oder „Welt-familie" bezeichnen können. Denn die Frömmigkeit orientiert sich häufig auf die Welt hin – und alle Dinge und Lebewesen der Welt, einschließlich des Menschen, werden in einer engen „familiären" Beziehung zueinander gesehen.

So ermöglichen diese Texte einen Blick in die Seele indianischer Menschen. Doch sie tun noch mehr: Ihre neuartige und für uns oft überraschende „Ansprache" des Kosmos und des Göttlichen kann auch für manchen von uns neue Zugänge zur Welt und zu der ihr wesenhaft innewohnenden Transzendenz eröffnen.

Rudolf Kaiser

Entstehen

Indianisches Wiegenlied

Die Erde ist deine Mutter,
    sie umfängt dich.
Der Himmel ist dein Vater,
    er beschützt dich.
Schlafe,
schlafe.
Regenbogen ist deine Schwester,
    sie liebt dich.
Die Winde sind deine Brüder,
    sie singen für dich.
Schlafe,
schlafe.
Wir sind immer beieinander.
Wir sind immer beieinander.
Es gab niemals eine Zeit,
als dieses
nicht so war.

(Leslie M. Silko, Pueblo, geb. 1948)

Bruderschaft aller Wesen

Der Indianer war sozusagen vom Mutterleib an ein religiöser Mensch.

Von dem Augenblick, da die Frau um ihre Empfängnis wußte, bis zu dem Ende des zweiten Lebensjahres ihres Kindes – so lange nährte sie es gewöhnlich selbst – war nach unserer Auffassung der seelische Einfluß der Mutter am stärksten.

Ihre Haltung und ihre geheimen Gedanken mußten dahin zielen, der aufnahmebereiten Seele des noch Ungeborenen schon die Liebe zum Großen Geheimnis einzupflanzen und ein Gefühl für die Bruderschaft mit allen Wesen der Schöpfung zu vermitteln.

(Ohiyesa = Charles Alexander Eastman, Sioux)

15

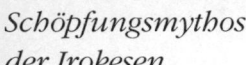

*Schöpfungsmythos
der Irokesen*

Vor vielen Wintern in der Vergangenheit war die
Erde völlig mit Wasser bedeckt. Es gab keine Sonne,
keinen Mond und auch keine Sterne, und so gab es
auch kein Licht. Es herrschte Dunkelheit. Zu dieser
Zeit waren die einzigen lebenden Wesen Wassertiere
wie der Biber oder die Bisamratte.

Weit über der Erde war das Land der glücklichen
Geister, wo Ravenyo lebte, das Große Geheimnis. Im
Mittelpunkt dieser Welt stand ein mächtiger Baum,
dessen Wurzeln tief in den Boden reichten. Eines Tages aber riß Ravenyo den Baum samt Wurzeln aus
dem Boden, rief seine Tochter und befahl ihr, in das
entstandene Loch zu gucken. Sie kam und sah dort
unten die mit Wasser bedeckte Erde. ‚Du wirst in diese Welt der Dunkelheit hinabsteigen‘, sagte Ravenyo,
hob sie sanft an und ließ sie durch das Erdloch glei-
ten.

Die Wassertiere schauten auf und erblickten ein
großes Licht: Das war die Himmelsfrau. Furcht ergriff
die Tiere, so daß sie zuerst schnell untertauchten,
bald jedoch wieder neugierig heraufkamen und über-
legten, was sie wohl für die Himmelsfrau tun könnten. Der Biber sagte: ‚Wir müssen einen trockenen
Platz finden, auf dem sie ruhen kann‘, und er tauch-
te unter auf der Suche nach etwas Erde.

Nach langer, langer Zeit kam sein toter Körper
zurück zur Oberfläche. Nach ihm versuchten noch

viele andere Tiere, Erde zu holen, aber alle wurden vom gleichen Schicksal betroffen.

Schließlich versuchte es die Bisamratte, aber nach einiger Zeit wurde auch sie tot zur Oberfläche zurückgetrieben. Ihre kleinen Krallen waren fest geschlossen, und nachdem man sie geöffnet hatte, fand man darin ein wenig Erde. Die Wassertiere nahmen die Erde, riefen eine große Schildkröte und verteilten sie fest auf deren Rücken. Sofort begann die Schildkröte zu wachsen. Und auch die Erde auf ihrem Rücken vermehrte sich. Diese Erde wurde Nordamerika, eine große Insel.

Inzwischen war die Himmelsfrau fast zur Erde gelangt, so daß sich die weißen Schwäne entschlossen, ihr entgegenzufliegen, um sie sanft und sicher auf ihrem Rücken zur Erde zu tragen.

Nach einiger Zeit gebar die Himmelsfrau Zwillinge. Derjenige, welcher der gute Geist war, wurde zuerst geboren. Der andere, der böse Geist, verursachte seiner Mutter so viele Schmerzen, daß sie während seiner Geburt starb. Der gute Geist nahm sogleich ihren Kopf und hängte ihn in den Himmel. Er wurde zur Sonne. Vom Körper seiner Mutter formte er dann noch Mond und Sterne. Den Rest ihres Körpers begrub er in der Erde, wodurch nun alles Lebendige seine Nahrung erhielt. Sie kommt von der Mutter Erde.

Der böse Geist aber setzte die Dunkelheit in den westlichen Himmel und versuchte alle die guten Schöpfungen seines Bruders zu zerstören. Er ließ Bäume verkümmern und schuf Tiere, die diese mit ihrem Gift zerstören sollten. Auch verseuchte er Wasser, das sein Bruder geschaffen hatte, und verwandelte Flüsse in reißende Ströme und machte Berge durch schroffe Felsen gefährlich.

Als die Erde endlich fertig war, schuf der gute Geist den Menschen und gab ihm Leben. Allen Geschöpfen verlieh der gute Geist daraufhin einen Schutzgeist. Dann rief er seinen Bruder und sagte ihm, er solle aufhören Unheil zu stiften. Das lehnte dieser aber ab. Es entbrannte daraufhin ein Kampf, der viele Tage währte und den der gute Geist schließlich gewann. Er verbannte seinen schlechten Bruder von der Erde.

Doch dieser hat seine Verbündeten, die ständig die Herzen der Menschen beeinflussen und sie Schlechtes tun lassen. Deshalb hat jede Person ein gutes und ein böses Herz. Wie gut auch immer ein Mensch zu sein scheint, so hat er trotzdem etwas Böses. Und natürlich auch umgekehrt: Niemand ist vollkommen.

Da indianische Kulturen keine Schrift kannten, waren sie stets nur eine Generation vom totalen Vergessen oder Auslöschen entfernt. Mit anderen Worten: Jede einzelne Generation mußte ihr Wissen um die Zusammenhänge der Welt, ihre religiösen Überzeugungen und ihr Selbstverständnis mündlich an die nächste Generation weitergeben, wenn nicht eine

Unterbrechung und damit ein unreparierbarer Verlust
großer Teile der überlieferten Traditionen dieser Menschen eintreten sollte.

Deshalb ist die Rolle des ‚storyteller‘ in einer solchen Kultur viel bedeutsamer als in einer Kultur, die
auch schriftlich tradiert wird. Der ‚storyteller‘, der ja
nicht nur Geschichten erzählt, sondern mit den Mythen, Märchen, Legenden und Geschichten das Welt-
und Menschenverständnis der Gruppe an die nächste Generation weitergibt, ist damit der eigentliche Er-
zieher des Volkes und der Bewahrer seiner Kultur.

Als solcher ‚storyteller‘ kam jeder in Frage, der erwachsen genug war, daß er die Wertstrukturen und
die Leitbilder seiner Kultur hinreichend internalisiert
hatte, um sie an die jüngere Generation weitergeben
zu können. Neben den Eltern, neben Tante und On-
kel waren das vor allem die Großeltern, die deshalb
großen Einfluß auf die Kinder hatten.

Gerade weil sie aus dem aktiven Leben der Siche-
rung des Unterhalts weitgehend ausgeschieden waren, waren sie frei für diese wichtige Aufgabe der
Übermittlung des kulturellen Erbes. Diese Rolle der
Großeltern hat auch in der indianischen Kunst ein
vielgestaltiges Echo gefunden.

(Rudolf Kaiser)

Storytelling – das Erzählen von Mythen und Geschichten – ist ein zentraler Teil indianischer Tradition. Es reicht Hunderte von Jahren zurück und umspannt den Kontinent von Ozean zu Ozean. Es war dasjenige Mittel, durch das Stämme und Nationen ihre Sagen, ihre Legenden und ihre religiösen Überzeugungen von einer Generation zur nächsten mitteilten. Diese ‚Stories‘ hatten eine magische Qualität. Sie waren sowohl wirklich wie wundersam, und sie hatten die Kraft, Menschen zusammenzuführen wie nichts anderes.

Mit diesen unseren Mythen, Legenden und Geschichten können wir nahezu allem entrinnen. Mit diesen ‚Stories‘ werden wir überleben.

(Leslie M. Silko, Pueblo, geb. 1948)

Möge Segen sein vor mir.
Möge Segen sein hinter mir.
Möge Segen sein über mir.
Möge Segen sein unter mir.
Möge Segen sein um mich herum.
Mögen meine Worte gesegnet sein.
Möge meine Umgebung gesegnet sein.
Möge ich gesegnet sein.
In Segen ist es beendet.

(Navajo)

Schon ein flüchtiger Blick auf die Navajo-Religion läßt die zentrale Stellung des Gebetes erkennen. Mit Gebeten beginnen und beenden sie alle Dinge, und diese Gebete erreichen oft große sprachliche Kraft.

(Sam D. Gill)

Komm mit mir
    und tanz
    und versuche
    das Leben zu sehen.

        Dies ist der Anfang.

(Hopi)

Sonnenaufgang

Dieses ist sehr geheimnisvoll:
Wir sprechen von etwas sehr Heiligem,
obwohl es jeden Tag geschieht.

(Morgenlied des Kurahus, Pawnee)

Für uns ist Leben, ist alles Leben
    – heilig.

(Lame Deer)

Erschaffung der Menschen

Also sammelte Spinnweib Erde, diesmal von vier Farben: Gelb, Rot, Weiß und Schwarz, und mischte sie mit der Feuchtigkeit ihres Mundes.

Sie formte die Erde und bedeckte die Gestalten mit ihrem Umhang aus weißer Substanz, welche die schöpferische Weisheit selber war.

Wie schon vorher sang sie darüber das Schöpfungslied; und als sie den Umhang aufhob, waren es menschliche Wesen nach dem Ebenbild Sotuknangs, die ersten vier männlichen Wesen.

Dann schuf sie vier Wesen nach ihrer eigenen Gestalt; das waren die Wuhti, die ersten weiblichen Wesen.

(Hopi-Mythos)

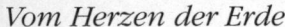

Vom Herzen der Erde

Vom Herzen der Erde mit gelbem Blütenstaub
    geht Segen aus,
Vom Herzen des Himmels mit blauem Blütenstaub
    geht Segen aus.
Auf einem Lager von Blütenstaub
    möge ich dort in Segen gebären.
Auf einem Lager von Geweben
    möge ich dort in Segen gebären.
Wie die gesammelten Wasser
    vor dem Kind herfließen,
    wodurch Segen ihm vorauseilt,
    möge ich dort in Segen gebären.
Dadurch ohne Hinzögern,
dadurch mit seinen Sinnen geöffnet,
dadurch mit seinem Leibe gerichtet,
dadurch ohne den Schmerz,
den es verursacht,
    möge ich dort in Segen gebären.
Wie das Kind des Wassers hinter ihm fließt,
    wodurch Segen ihm folgt,
    möge ich dort in Segen gebären.
Mit Blütenstaub um es herum,
    mit Blütenstaub, Segen von ihm ausgehend,
    möge ich in Segen gebären.
Umgeben von lebenslangem Glück,
    möge ich in Segen gebären,
    möge ich schnell gebären.
Möge ich mich in Segen wieder erheben,

möge ich mich in Segen erholen,
möge ich fortleben
wie jemand,
der lebenslanges Glück ist.
Vor mir sei Segen,
hinter mir sei Segen,
unter mir sei Segen,
über mir sei Segen,
um mich herum sei Segen,
mögen meine Worte gesegnet sein.
Sie sind gesegnet worden.
Sie sind gesegnet worden.
Sie sind gesegnet worden.
Sie sind gesegnet worden.

(Gebet einer Navajo-Frau vor der Geburt ihres Kindes)

Die werdende Mutter ... formuliert nicht nur, sondern erfüllt auch ihren Wunsch nach Identifikation mit den Verkörperungen allen Lebens, den inneren Formen der Erde, so daß ihr Kind nach seiner Geburt leben möge und daß ihr eigenes Leben keinen Schaden nehmen möge … Die werdende Mutter drückt ihren Wunsch in diesem Gebet aus, daß die Geburt ihres Kindes in der Weise und der Ordnung stattfinden möge, die am Beginn der Welt festgelegt wurde, so daß alle Dinge auf diese Art Leben erhalten sollten. Das Gebet (und das damit verbundene rituelle Bad) sollen der werdenden Mutter Schöpferkraft geben.

(Sam D. Gill)

Meine Mutter die Erde
der Himmel
die Sonne
der Mond
ihr alle zusammen mein Vater.

Ich bin die Wesenheit des Lebens,
ich bin der Quell des Glücks in Schönheit;
alles ist in Frieden,
alles ruht in Schönheit,
alles in Harmonie,
alles in Glück.

(Spruch eines neugeborenen Navajo-Kindes)

Ho Ihr Sonne, Mond und Sterne,
alle ihr, die ihr euch in den Himmeln bewegt,
bitte hört mich:
In eure Mitte ist ein neues Leben gekommen,
nehmt es auf, bitte,
macht seinen Weg eben,
so daß es erreichen möge
den Rand der ersten Anhöhe.

Ho Ihr Winde, Wolken, Regen, Nebel,
alle ihr, die ihr euch in der Luft bewegt,
bitte hört mich:
In eure Mitte ist ein neues Leben gekommen,
nehmt es auf, bitte,
macht seinen Weg eben,
so daß es erreichen möge
den Rand der zweiten Anhöhe.

Ho Ihr Hügel, Täler, Flüsse, Seen, Bäume, Gräser,
alle ihr von der Erde,
bitte hört mich:
In eure Mitte ist ein neues Leben gekommen,
nehmt es auf, bitte,
macht seinen Weg eben,
so daß es erreichen möge
den Rand der dritten Anhöhe.

Ho Ihr Vögel, groß und klein,
die ihr fliegt in der Luft;
Ho Ihr Tiere, groß und klein,
die ihr wohnt in den Wäldern;

Ho Ihr Insekten,
    die ihr kriecht zwischen den Gräsern
    und euch in den Boden grabt,
    bitte hört mich:
    In eure Mitte ist ein neues Leben gekommen,
    nehmt es auf, bitte,
    macht seinen Weg eben,
    so daß es erreichen möge
    den Rand der vierten Anhöhe.

Ho Alle ihr von den Himmeln,
    alle ihr von der Luft,
    alle ihr von der Erde,
    bitte hört mich:
    In eure Mitte ist ein neues Leben gekommen,
    nehmt es auf,
    nehmt es alle auf, bitte,
    macht seinen Weg eben,
    dann wird es wandeln
    über die vier Anhöhen hinaus.

(Gebet eines heiligen Mannes der Omaha-Indianer nach der Geburt eines Kindes)

Bei den Omaha-Indianern hatten nur die Priester eines bestimmten Clans das Recht, ein neugeborenes Kind der Welt zu präsentieren. Ein paar Tage nach der Geburt wurde ein Priester dieses Clans in die Wohnung der Eltern und des Kindes geholt. Dort nahm er das Kind in seine Hände, wandte sich nach Osten, dem Beginn der Tage und Jahre zu, und sang mit zum Himmel geöffneten Händen dieses Gebet ...

Solch ein Ritus ist offensichtlich in Form und Bedeutung dem christlichen Taufritus verwandt.

Es ist ein priesterlicher Akt und stellt sowohl eine Bitte im Namen des Kindes als auch eine Heiligung seines Lebens dar.

(Hartley Burr Alexander)

Die Arapaho-Indianer sprechen in einem ähnlichen Bild von den „Vier Bergen" ... Der Mensch nähert sich vier Hügeln der Reihe nach – Kindheit, Jugend, Erwachsenenwelt, Alter –, während die jenseitige Welt hinter dem letzten Abstieg wartet. Solch ein Berg hat steile, felsige Abhänge, und man kann ihn niemals ohne Mühe erklettern. Wenn man einmal oben ist, kann man eine Zeitlang eben weggehen und hat ein Panorama der Welt. Auch der Abstieg ist dann wieder schwierig, aber man weiß, daß man hinuntergehen muß, um dann den nächsten Aufstieg zu beginnen. Dieses ist eine kontemplative Vision des Lebens und des Todes.

(Carl F. Starkloff)

Haar, Feder und Gebet

Nach dem ersten Haarschnitt eines Kindes befestigen wir eine flaumige Adlerfeder an seinem Kopf.

Nach vier Tagen nehmen wir die Feder fort, bringen sie auf die Spitze eines Berges und binden sie an den Wipfel eines immergrünen Baumes.

Es muß ein makelloser Baum sein, bei dem keine Zweige oder irgend etwas anderes fehlen.

Wir säubern den Platz unter dem Baum und binden die Feder an seine höchste Spitze, denn wir glauben, daß diese Feder einen Boten zum höchsten Wesen darstellt.

Es bringt die Botschaften aller Gebete, die für das Kind gesprochen worden sind – Gebete, daß es ein langes und fruchtbares Leben haben möge, wie die Bäume des Waldes; und daß es die Weitsicht haben möge, die man von dem Aussichtspunkt dieser Baumspitze aus hat.

Zur gleichen Zeit legt das Kind ein Versprechen ab, daß es immer alle Dinge der Natur beschützen will: die Tiere, die Pflanzen, die Luft und alle Dinge der Natur, mit denen es als einzelne in Berührung kommen mag.

Von diesem Zeitpunkt an hat das Kind die Berechtigung, an allen sozialen und religiösen Tänzen teilzunehmen.

(Victor Sarracino, Pueblo)

Vater,
Großes Geheimnis,
hilf meinem Volk und allen Dingen,
in heiliger Weise zu leben.
Mögen unsere Menschen
immer ihre Stimme zu dir senden.
So wandeln sie
auf den heiligen Pfaden des Lebens.

(Black Elk, Sioux, 1863–1950)

Die Ordnung menschlicher Gemeinschaften folgt der kosmischen Ordnung, denn der Mensch ist ja aus dem Kosmos gekommen und ist Teil desselben. Es fehlt bei Indianern eine eindeutige Trennung von Kosmischem und Sozialem. Eine Gesamtordnung umfaßt beide Bereiche und ist am Anfang der Zeit von den Geistwesen begründet und festgelegt worden. Der Mensch ist aufgerufen und beauftragt, diese umfassende Ordnung durch ein Verhalten der Achtung und Ehrfurcht zu bewahren und sie durch religiöse Zeremonien zu erneuern und auch wiederherzustellen.

(Rudolf Kaiser)

Die alte indianische Lebensweise hatte ihre Basis
in der Religion –
und das vierundzwanzig Stunden am Tage.
Religion berührte alle Dinge:
Sie war eine Lebensform,
eine Art zu leben –
nicht eine Sammlung von Glaubensvorschriften.

(Sylvester M. Morey)

Religion durchdrang bei ihnen das tägliche Leben.
Man sonderte nicht einen Teil der Woche ab für die
Beziehungen zu Gott.

(Oliver La Farge)

Eine Macht, die wir Sila nennen ...
sie läßt sich nicht
mit einfachen Worten erklären.
Ein großes Geheimnis,
das die Welt erhält
und das Wetter und alles Leben auf Erden.
Ein Geist,
so mächtig,
daß das, was er sagt,
nicht durch gewöhnliche Worte
zu den Menschen kommt,
Sondern durch Sturm
und Schnee
und Regen
und durch die Wildheit der See,
alle die Kräfte der Natur,
vor denen die Menschen Furcht haben.
Aber er hat auch eine andere Art,
sich den Menschen mitzuteilen:
durch das Sonnenlicht,
die Stille des Meeres,
durch kleine Kinder,
die arglos miteinander spielen
und nichts verstehen ...
Wenn alles gutgeht,
schickt Sila
den Menschen keine Botschaft,
sondern zieht sich in sein eigenes unendliches
NICHTS zurück.
So bleibt er so lange,

wie Menschen
das Leben nicht mißbrauchen,
sondern gegenüber
ihrer täglichen Nahrung
Ehrfurcht zeigen.
Niemand hat ihn da gesehen,
sein Ort des Seins
ist ein Geheimnis,
insofern er
zugleich unter uns ist
und unsagbar weit entfernt.

(Najagneque, Eskimo-Schamane)

Der Große Geist ist einer –
und doch ist er viele.
Er ist Teil der Sonne,
und die Sonne ist Teil von ihm.

(Lame Deer, Sioux)

Als Usen die Apachen schuf,
da erschuf er für sie auch ihre Heimat,
    dort im Westen.
Er gab ihnen, was sie zum Essen brauchten:
    Korn,
    Früchte,
    Wild.
Um ihre Gesundheit wiederherzustellen,
wenn sie von Krankheit geplagt würden,
    lehrte er sie,
    wo sie Kräuter finden,
    und wie sie diese
    als Medizin zubereiten könnten.
Er gab ihnen ein freundliches Klima –
und alles, was sie zum Kleiden und Wohnen
    brauchten,
war da.

(Geronimo, Apache)

Etwas, was traditionelle Indianer nie waren:
– Atheisten.

Das Leben des Menschen
   ist angewiesen auf die Erde.

Das Große Geheimnis – Tirawa Atius –
   wirkt durch sie.

Das Samenkorn
   wird in die Mutter Erde gelegt,
   und sie bringt die Maispflanze hervor –

      Gerade so, wie Kinder
            gezeugt
      und von Frauen geboren
            werden.

(Pawnee)

Maheo ist groß,
wir können gar nicht damit beginnen,
ihn zu beschreiben.
Wir haben ihn nie gesehen,
aber wir wissen,
er ist Gott über allem.

(Henry Tall Bull, Cheyenne)

Maheo schuf die Erde und alles, was über ihr ist und unter ihr. Die Erde ist für die älteren Cheyenne eine große Halbkugel. Sie ähnelt dem Rücken einer Schildkröte oder der Spitze eines Biberhauses. Einstmals gab es keine Erde, und nur Maheo herrschte in dem weiten Raum. Es war wie Nebel am düsteren Abend, wenn wir keine Gegenstände unterscheiden können.

(Left Hand Bull, Cheyenne)

Der Geist spricht:
Ich bin es, der im Sturm daherkommt.
Ich bin es, der im sanften Winde flüstert.
Ich schüttele den Baum.
Ich erschüttere die Erde.
Ich bewege die Wasser in alle Richtungen.

Der Ojibwa-Indianer G. Copway erzählt von einem Traum:

Ich sah einen Menschen, der vom Osten kam; er schwebte in der Luft, ging auf der Luft und näherte sich mir; er schaute auf mich herab und sagte: „Bist du hier?"

Ich sagte: „Ja."

„Siehst du diese Kiefer?"

„Ja, ich sehe sie."

„Es ist ein hoher Baum."

Ich sah, daß der Baum hoch ragte und zum Himmel reichte. Seine Zweige breiteten sich über Land und Wasser, und seine Wurzeln drangen in die Tiefe.

„Schau ihn dir an, während ich singe; ja, betrachte den Baum."

Er sang und wies auf den Baum. Dieser begann mit seinen Wipfeln zu wiegen. Die Erde an seinen Wurzeln wurde hochgehoben, und die Wasser donnerten und tobten von einer Seite zur anderen. Sobald er aufhörte zu singen und seine Hände sinken ließ, wurde alles gänzlich still und ruhig.

„Jetzt", sagte er, „sing die Worte, die ich gesungen habe."

Ich begann:

„Ich bin es, der im Sturm daherkommt.
Ich bin es, der im sanften Winde flüstert.
Ich schüttele den Baum.
Ich erschüttere die Erde.
Ich bewege die Wasser in alle Richtungen."

Während ich sang, hörte ich die Winde brausen, sah den Baum seine Wipfel schwingen und die Erde sich heben, hörte die Wasser brausen, weil sie alle in größter Unruhe waren.

Dann sagte er: „Ich komme vom Aufgang der Sonne. Ich werde wiederkommen. Du wirst mich nicht oft sehen, aber du wirst mich sprechen hören."
So sprach der Geist und wandte sich dann dem Weg zu, den er gekommen war.

Morgendämmerung

Wir rufen die Erde,
    die durch die Maisähre dargestellt wird.
Sie hat während der Nacht geschlafen und geruht.
Wir bitten sie,
    aufzuwachen,
    sich zu bewegen,
    sich zu erheben,
denn im Osten sieht man die Zeichen der Morgen-
dämmerung,
und der Atem des neuen Lebens ist hier ...
Mutter Erde ist die erste,
    die gerufen wird,
    um aufzuwachen,
damit sie den Atem des neuen Tages empfangen
kann.
Mutter Erde hört den Ruf;
    sie bewegt sich,
    sie erwacht,
    sie erhebt sich,
    sie fühlt den Atem der neugeborenen
Morgendämmerung.
Die Blätter und Gräser rühren sich,
alle Dinge bewegen sich mit dem Hauch des neuen
Tages.
Überall wird das Leben erneuert.

(Morgenlied des Kurahus, Pawnee)

Morgengebet

Dort in der Ferne erhebt sich die Sonne,
steigt die Leiter hinauf,
kommt hervor aus ihrer Stätte.

Mögen alle den Weg des Lebens vollenden.
Mögen die Kinder
vom heiligen Hauch des Lebens atmen.

Mögen alle meine Kinder Nahrung haben,
damit sie den Weg ihres Lebens
vollenden können.

(Sia-Pueblo)

Gebet bei Sonnenaufgang

Dieses ist der Tag,
Heilige Sonne,
Ursprung des Lebens,
nun,
da du aufgegangen bist
und an deiner geweihten Stelle stehst,
die,
von der wir das Wasser des Lebens holen:
      Gesegnetes Maismehl
      bringe ich dir dar,
      einen ebenen Weg,
      langes Leben,
      hohes Alter,
      heilige Wasser,
      ehrwürdige Samen vom Mais,
      gute Gaben,
      Kraft des Geistes,
      Gedanken der Stärke.
Alle diese mögest du mir gewähren.

(Morgengebet der Zuni)

Manche Leute denken, wir richten unsere Gebete an die Sonne. Das ist falsch. Durch die Sonne richten wir unsere Gebete an den Schöpfer der Sonne.

(Äußerung eines Prärie-Indianers)

Wachsen

Wir Navajos
lernen immer,
das ist unsere Art.

Es ist unsere ewige Verwandlung
wie bei einem Samenkorn.

Wir sind Samenkörner,
und wir säen uns selbst.

(Jim McGrath)

Jeder Ort ist heilig,
und heiliger Ort ist unerschöpflich.

(Alfonso Ortiz, Pueblo)

Ich –
ich bin eins mit dem Geist der Erde.
Die Füße der Erde sind auch meine Füße.
Die Beine der Erde sind auch meine Beine.
Die Kräfte der Erde durchdringen mich.
Die Gedanken der Erde sind auch meine Gedanken.
Die Stimme der Erde ist auch meine Stimme.
Alle Dinge der Erde sind auch meine Dinge.
Mich umgeben die Dinge der Erde.
Ich singe ihr Lied.

(Hopi-Gebet)

Mensch und Natur

Wir lernten schon in jungen Jahren, daß alles heilig ist und daß alles, was auf dem Boden wächst, der Ernährung dient und vom Leib der Mutter Erde in den menschlichen Körper übergeht.

(Victor Sarracino, Pueblo)

Die Welt besteht für Indianer nicht aus irdischen und religiösen Teilstücken, sondern sie ist ein unteilbares Ganzes, eine Einheit. Indianer sind überzeugt, daß spirituelle Kräfte allgegenwärtig sind.

(Evans-Wentz)

Gebet bei der Adoption eines Freundes

Frank Hamilton Cushing, ein amerikanischer Ethnologe, lebte im 19. Jahrhundert längere Zeit bei den Zuni-Indianern. Im Jahre 1882 nahm er einige Zuni-Führer mit zu einem Besuch nach Washington und Boston. Dabei faßte einer der Zuni-Männer eine große Zuneigung zu einem Freund Cushings. Er adoptierte ihn in tradierter indianischer Weise und sprach dabei die folgenden Worte:

Mein Kind!
An diesem Tag nehme ich dich in meine Arme
und halte dich ganz fest.
Und wenn es gut ist,
dann wird unser Vater,
      die Sonne,
sich auf seinem Weg über die Erde erheben
und den Mittelpunkt des Himmels erreichen.
Er wird dort sicher ruhen
und dir wie mir zulächeln,
so daß unsere Lebensbahnen ihre Vollendung finden.
So fasse ich dich
mit von Gott erfüllten Händen
und nehme dich mit meinem Herzen bei der Hand.
Ich stärke deinen Lebensatem,
so daß unsere Lebensbahnen
miteinander ihre Vollendung finden.

Mein Kind,
mögest du das Licht der Götter finden!
Mein Kind.

Thil-a-wa

(Frank Hamilton Cushing)

Wenn ein Indianer die Natur anschaut

Wenn ein Indianer die Natur anschaut, dann tut er es nicht mit dem Gedanken, ein Fernglas darauf zu richten oder sie von sich fortzuschieben, so daß er sich aus der Entfernung auf sie konzentrieren kann.

In seinem Verständnis ist die Natur nicht etwas von ihm Getrenntes. Er begreift sie mehr als ein Element, in dem er existiert.

Er hat seine Existenz in diesem Element in ähnlicher Weise, wie wir denken, daß wir unsere Existenz im Element der Luft haben.

Es wäre unvorstellbar für ihn, an die Natur zu denken in der Art und Weise, in der die „Dichter der Natur" des 19. Jahrhunderts daran dachten; wie sie die Natur anschauten und über sie schrieben.

Sie bedienten sich dabei einer Art „ästhetischer Distanz", wie man es manchmal nennt.

Diese Idee wäre Indianern ganz fremd.

(N. Scott Momaday, Kiowa)

Daß wir die Welt in einem anderen Zusammenhang sehen als andere Menschen.

Wir haben nicht die Vorstellung eines linearen Verlaufs der Zeit.

Wir verstehen uns nicht als Beherrscher oder selbstsüchtige Ausbeuter anderer Lebewesen; unsere Kultur hat nie der materiellen Entwicklung oder dem materiellen Genuß viel Zeit gewidmet, sondern wir haben uns immer als Teil der Schöpfung verstanden.

> Unser Anliegen ist es,
> nach Frieden,
> Harmonie
> und dem Leben im Gleichgewicht
> mit allen Lebewesen dieser Erde zu streben.
> Wir definieren in unseren Sprachen die Welt
> als eine ganze Familie,
> und unsere Beziehung zum Universum ist
> verwandtschaftlicher Art.

(Aus einem Brief des Irokesenbundes an eine UNO-Unterkommission, 1976)

Weltfamilie

Alle diese sind verwandt,
alle diese sind Verwandte.

Du, die Macht dort, wo die Sonne untergeht:
    Du bist eine Verwandte.

Du, die Macht dort, wo die Sonne aufgeht:
    Du bist eine Verwandte.

Du, die Macht dort, wohin wir immer schauen:
    Du bist eine Verwandte.

Du, die Macht dort, wo die Stürme brausen:
    Du bist eine Verwandte.

Der Himmel ist unser Verwandter.
Die Erde ist unsere Verwandte.

    Wir sind alle verwandt.
    Wir sind alle eins.

(Lied der Ree-Indianer)

Mein Vater hatte immer seinen Garten. Jeden Tag, wenn er von der Arbeit nach Hause kam, hackte und pflegte er darin seine Pflanzen und sang für sie ein Lied.

Wenn er damit fertig war, nahm er uns auf seinen Schoß und blies den Rauch des Tabaks über den Garten hin, um so seine Gebete an die Wolken zu richten. Solange wir klein waren, saßen wir auf seinen Knien oder an seiner Seite, wenn er rauchte.

Wir waren wie seine Pflanzen: Er sang uns Lieder vor, streichelte uns, betete für uns und hatte uns lieb. Meine Tochter hatte das Glück, daß sie bei ihm lebte, als sie klein war. Durch seine Lebensart gab er ihr – wie mir – ein starkes Herz.

(Mary Levy, Hopi-Pueblo)

„An-Schein"

So wie der Baum nicht endet
an der Spitze seiner Wurzeln
        oder seiner Zweige –
so wie der Vogel nicht endet
an seinen Federn und seinem Flug –
so wie die Erde nicht endet
an ihrem höchsten Berg:

So ende auch ich nicht
an meinem Arm, meinem Fuß, meiner Haut,
sondern greife unentwegt nach außen
hinein in allen Raum und alle Zeit
mit meiner Stimme und meinen Gedanken;

        denn meine Seele ist das Universum.

(Norman H. Russel, Teil-Cherokee, geb. 1921)

Großer Vater, mein Vater,
    hab Erbarmen mit mir.
    Mein Vater,
    laß mich in Glück alleine leben
    fern von Schaden.
Vater, hab Erbarmen mit mir,
    so daß ich lebe
    so lange wie die immergrünen Bäume;
    so daß ich lebe,
    um die uralten Hügel zu sehen
    und das Wetter.
Vater, gib uns reichlich Nahrung,
    um glücklich zu leben ohne Schaden.
Vater, unser Schöpfer,
    gib uns die Kraft,
    in Heiligkeit zu leben.
Vater, gib uns den richtigen Platz im Leben,
    und leite uns auf geradem Wege zum Ende.
Vater, segne uns,
    erbarm dich unser
    hier auf der Erde;
    du bist heilig,
    du bist mächtig,
    der du uns auf diese Erde gestellt hast.

(Gebet eines Cheyennepriesters
bei der Zeremonie der Heiligen Pfeife)

Horch

Das Geräusch vorüberschreitender Füße
auf der Prärie –

sind es Menschen
oder göttliche Wesen,
    die aus der Stille kommen?

(Chippewa)

Indianern gilt das Leben als heilig.
Ich habe das von klein auf gelernt.

   Unser Verständnis vom Leben und der Natur be-
sagt, daß alle Lebewesen unsere Brüder und Schwestern sind und daß der Mensch nicht höher steht.

   Also haben wir Gebete gesprochen, wenn wir ja-
gen gingen.

(Jim Lee Wilson)

Alle Lebewesen haben teil an einer Ordnung, in der alles mit allem zusammenhängt,
und
alle Wesen sind für die Gedanken, Gefühle, Reden und Gesänge von menschlichen Wesen bald mehr, bald weniger stark empfänglich. Harmonie und Ordnung in der Umwelt können nur aufrechterhalten werden, wenn die Menschen in angemessener und harmonischer Weise
denken,
fühlen,
singen und sprechen.

(Gary Witherspoon über Hopi-Indianer)

Es war indianische Überzeugung, daß Intensität des Willens, konzentriertes Bewußtsein, starkes Wünschen und das Gefühl von Kraft, Freude, Glück, Schönheit und Vereinigung mit den Quellen des Universums einen direkten Einfluß auf die Welt und ihre Dinge und Vorgänge hatten.

Jeder kosmische Prozeß ist nicht nur mechanischer, sondern auch seelisch-spiritueller Natur und deshalb für solche Kräfte und Einflüsse offen.

So ist der Mensch ein Partner in einem lebendigen Universum.

Mensch und Natur arbeiten eng zusammen und sind aufeinander angewiesen.

(John Collier)

Die Idee des ‚Angemessenen‘ in indianischen Religionen

Vor einiger Zeit erzählte mir jemand die Geschichte eines Indianers, dem es sehr schlecht erging. Er hatte keine Arbeit, mußte aber seine Frau und mehrere Kinder versorgen. Außerdem erwartete seine Frau ein weiteres Kind.

Eines Tages kam ein Freund zu Besuch und bemerkte, in welch schlimmer Situation sich der Mann befand.

Da sagte der Freund zu ihm: „Ich sehe, daß du arm bist; daß du keine Arbeit, aber viele Münder zu stopfen hast; und daß kein Vorrat an frischem Fleisch in deinem Hause ist.

Nun weiß ich aber, daß du ein Jäger bist; und ich weiß auch, daß es Wild hier in den Bergen gibt. Warum erlegst du nicht ein Tier, so daß ihr, du und deine Familie, frisches Fleisch zu essen habt?“

Nach einer Zeit erwiderte der Mann: „Nein; weißt du, es ist nicht angemessen – nicht richtig –, daß ich Leben nehmen sollte, wo ich gerade jetzt das Geschenk neuen Lebens erwarte.“

(N. Scott Momaday, Kiowa, geb. 1934)

Der Väter Atem

Möge niemand das Leben seiner Väter geringschätzen.
Vielmehr empfangt ihren Atem in eurem Leib,
so daß eure Wege dahin reichen mögen,
wo die Bahn unserer Sonne hervorkommt –
so daß mit verschlungenen Händen,
     die einander festhalten,
ihr eure Wege zu Ende bringen möget.

(Zuni-Ritual-Gebet)

Gebet bei den Zuni-Indianern ist nicht ein spontaner Ausdruck des Herzens. Es ist eher die Wiederholung einer feststehenden Formel ...

Die Gebete werden in den Kivas, den unterirdischen Zeremonialräumen gelernt, Jungen lernen die richtigen Gebete von ihren Vätern. Einige Gebete, die selten und geheim sind und von denen man meint, daß sie große Macht haben, sind sehr wertvoll, sogar in materieller Hinsicht. Sie können von ihren Besitzern verkauft werden.

(A. G. Day)

Geist der Natur

Ich war hier vor dem Regen und der wilden See.
Ich war hier vor dem Schnee und dem Hagel.
Ich war hier vor den Bergen und den Winden.
Ich bin der Geist der Natur.

Ich bin in dem Licht, das die Erde erfüllt,
    und in der Dunkelheit der Nacht.
Ich gebe der Natur ihre Farben,
    denn ich bin im Wachsen
    und in den Früchten der Natur.
Und ich bin auch in der Natur,
    dort, wo man geheimnisvolle Weisheit findet.

Ich bin in euren Liedern und in eurem Lachen.
Ich bin in den Tränen, die aus dem Kummer fließen.
Ich bin in den hellen, frohen Augen der Kinder.
Ich bin in den Gedanken, die Einigkeit geben,
    Erfüllung und Einssein.

Ich bin in den Bergen
    als ein gewolltes Zeichen
    für die ganze Menschheit,
    wenn das Antlitz der Erde verunstaltet wird,
da man ihre geistige Gestalt nicht mehr erkennt.

Ich bin in euch,
    wenn ihr den einfachen Weg
    des Roten Mannes geht.
Ich bin in euch,
    wenn ihr Liebe zum Menschen zeigt,
    denn auch ich gebe Liebe denen, die lieben.

Ich bin im Widerhall der Liebe zwischen den Menschen,
    den dieses ist ein Weg,
    der den Segen und die Erfüllung
    des Großen Geistes
    finden wird.

(Anonym, Text der Einladung zum ‚Canto Al Pueblo‘, 1980)

Lauf –
    der Wind gibt dir Flügel.
Geh –
    die Bäume geben dir Schutz.
Sprich –
    die Vögel leihen dir ihr Ohr.
Sing –
    deine Stimme gibt dir Trost.

(Simon Ortiz, Acoma-Pueblo)

Dieses Lied bringt die indianische Ansicht zum Ausdruck, daß die Tiere und Pflanzen Freunde des Menschen sind und ihm Hilfe und Schutz gewähren.

„Alle Tiere haben Macht, weil der Große Geist in ihnen allen wohnt, sogar in einer winzigen Ameise, einem Schmetterling, einem Baum, einer Blume, einem Stein. Die moderne Art des weißen Mannes hält diese Macht fern von uns, läßt sie versiegen."

(Lame Deer, Sioux)

Indianische Zehn Gebote

1. Seid nahe dem Geist!
2. Habt Achtung voreinander!
3. Helft einander!
4. Seid aufrichtig!
5. Tut, was recht ist!
6. Bewahrt euch gesund und stark an Körper und Seele!
7. Habt Ehrfurcht vor der Erde und allem Leben!
8. Wisset, wie ihr für euch selbst sorgt, und seid nicht angewiesen auf andere!
9. Tut euren Teil zum Wohle aller.
10. Kümmert euch um das Wohl aller; arbeitet zusammen.

(John Woodenlegs, Northern Cheyenne, geb. 1856)

Diese Gebote erheben nicht den Anspruch, das gleiche Gewicht und die gleiche Autorität zu besitzen wie die Zehn Gebote des Alten Testaments (der sog. Dekalog).

Sie sind z. T. recht allgemein gehalten, z. T. nehmen sie vorher Gesagtes wieder auf (das kennen wir auch aus den Geboten des Dekalogs), z. T. ähneln sie den Geboten des Alten Testaments. Doch etwas ist in ihnen neu, das sich in unseren Zehn Geboten und deshalb in unserer geistigen Tradition nicht findet: Es ist das siebte Gebot.

(Rudolf Kaiser)

Krücken schneiden

Sie suchten Eichen, von denen ihr Vater ein neues
Paar Krücken schneiden könnte. An mehreren Stellen hielten sie mit dem Auto an, stiegen aus und sahen nach, ob die Bäume die richtige Größe und
Dicke hatten und ob sie auch gerade gewachsen waren.

Schließlich, in einer engen Schlucht, fanden sie
eine Gruppe Eichen, die ihnen gefiel. Ihr Vater schaute sie sich sorgfältig an. Sie wuchsen lang, dünn und
gerade. Er ließ seine Hände an ihren Stämmen hin-
auf- und heruntergleiten und fühlte ihre Kraft. Dann
wählte er mehrere aus, von denen er meinte, daß sie
sich gut zu Krücken verarbeiten ließen.

„Diese hier", sagte er.

Sofort begann Albert, mit seiner Axt die Bäume zu
schlagen.

„Nicht so eilig, mein Sohn. Warte einen Augenblick", sagte der Vater. Dann zog er aus der Tasche
seines Hemdes ein zusammengeknotetes Taschen-
tuch mit einer Hand voll Maismehl darin. Jedem seiner Kinder gab er etwas Mehl in die Hand.

„Zuerst müßt ihr immer dies tun", sagte er. Und er
sprach Worte des Gebetes für die Eiche, die Erde, die
Sonne; für die Kinder und ihre Mutter; für alles, was
lebt; er bat um Kraft und Demut. Dann hauchte er
über das Maismehl hin; und forderte seine Kinder
auf, es ihm nachzutun: dem Mehl Leben zu geben, so
daß das Leben fortbestehen würde. Darauf streuten

sie diese lebendige Nahrung zwischen die Gruppe der Eichen.

Albert ging nun mit seiner Axt geschickt zu Werke und hatte bald die ausgewählte Eiche für seinen Vater gefällt.

(Simon Ortiz, Acoma-Pueblo)

Schönheit, Ordnung und Harmonie

Mit Schönheit, Ordnung und Harmonie vor mir
gehe ich einher.
Mit Schönheit, Ordnung und Harmonie hinter mir
gehe ich einher.
Mit Schönheit, Ordnung und Harmonie über mir
gehe ich einher.
Mit Schönheit, Ordnung und Harmonie unter mir
gehe ich einher.
Vom Osten
sind Schönheit, Ordnung und Harmonie
wiederhergestellt worden.
Vom Süden
sind Schönheit, Ordnung und Harmonie
wiederhergestellt worden.
Vom Westen
sind Schönheit, Ordnung und Harmonie
wiederhergestellt worden.
Vom Norden
sind Schönheit, Ordnung und Harmonie
wiederhergestellt worden.
Von der Himmelshöhe
sind Schönheit, Ordnung und Harmonie
wiederhergestellt worden.
Von allen Seiten
sind Schönheit, Ordnung und Harmonie
wiederhergestellt worden.

(Navajo-Gebet)

Beautiful – schön

Dieses Wort, das bei uns ausschließlich ästhetisch verstanden wird, hat in der Navajo-Sprache eine viel weitere Bedeutung. Die Navajo haben zwei Worte für beautiful/schön: nizoni und hózhó. Nizoni kann übersetzt werden als hübsch, sauber, nett, fein und gut – hózhó bedeutet Glück, Heiterkeit, Segen, Wohlergehen, Ordnung und Harmonie.

(Henderson)

Die Kultur der Navajo besteht nicht nur in einer Strategie der Nahrungsbeschaffung. Sie ist vielmehr eine künstlerische Lebensform. Der Mensch wird angehalten, in Schönheit, Ordnung und Harmonie einherzugehen, zu sprechen, zu handeln, zu singen und zu leben. Alle Dinge sollen in Schönheit, Ordnung und Harmonie gemacht werden, und alle Tätigkeiten sollen so vollendet werden.

(Gary Witherspoon)

Als ich zehn Jahre alt war,
sah ich mir das Land
und die Flüsse an,
den Himmel über mir
und die Tiere um mich herum,
und es entging mir nicht,
daß dieses alles
von einer großen Kraft geschaffen war.
Ich war so darauf bedacht,
diese Kraft zu verstehen,
daß ich die Bäume
und Büsche befragte.
Es schien mir,
als ob mich die Blumen anschauten,
und ich wollte sie fragen:
Wer hat euch gemacht?
Ich sah fragend auf die moosbedeckten Steine,
einige von ihnen schienen die Züge
eines menschlichen Gesichts zu haben,
aber sie konnten mir nicht antworten.
Dann hatte ich einen Traum,
und in meinem Traum
erschien mir einer
von diesen kleinen runden Steinen
und sagte zu mir,
daß der Schöpfer von allem
Wakan Tanka sei

und daß ich seine Werke
in der Natur ehren müsse,
wenn ich ihn ehren wolle.

(Brave Buffalo, Sioux)

Tatanka – Ohitika" oder „Tapferer Büffel", ein Sioux-Indianer, war ein hervorragender Medizinmann der Standing Rock Reservation ... Im Alter von 73 Jahren beschrieb er 1911 diesen Traum vom heiligen Stein.

Große Steine haben bei den Sioux religiöse Bedeutung. Brave Buffalo spricht hier von Wakan Tanka, der Sioux-Bezeichnung für das höhere Wesen, das die Quelle aller Dinge ist. Wakan heißt geheimnisvoll, Tanka heißt groß.

(T. C. McLuhan)

Die Worte Schönheit, Glück, Segen und Freude stellen alle Übersetzungen des Navajo-Wortes „hózhó" dar. Tau, Blütenstaub, Regen, Nebel, langes Leben, Glück, Vegetation, hohes Alter, Besitz von Stoffen und Juwelen und Reichtum an Verwandten sind ebenfalls Begriffe, die eng verwandt sind mit „hózhó". Wo man sie findet, ist der Gedanke des Segens gegenwärtig.

(Sam D. Gill)

Eine einzige Person

Ich füge meinen Atem deinem hinzu,
auf daß unsere Tage
auf Erden viele sein mögen;
auf daß die Tage unseres Volkes
lang sein mögen;
auf daß wir
eine einzige Person werden mögen;
auf daß wir
unsere Wege gemeinsam beenden mögen.
Möge mein Vater dich mit Leben segnen.
Mögen unsere Lebenswege sich erfüllen.

(Altes Keres-Lied)

Reifen

Das Herz des Menschen
fern von der Natur
wird hart.
Mangel an Achtung vor dem,
was wächst und lebt,
führt schnell zu einem Mangel
an Achtung vor dem Menschen.

(Lame Deer, Sioux)

Wenn der Weiße sich die Welt anschaut, dann wird seine Aufmerksamkeit fast gänzlich von den sichtbaren Objekten vor ihm in Anspruch genommen.

Wenn er auch noch religiös ist, dann gibt er vielleicht bereitwillig zu, daß irgendwo – außerhalb des Bereiches seines Bewußtseins – ein geistiges Sein existiert, das diese Gegenstände geschaffen hat.

Indianer dagegen – wenigstens diejenigen, die ihr intuitives Erbe noch nicht verloren haben – spüren geradezu die schöpferischen Kräfte, die noch in jedem geschaffenen Gegenstand lebendig sind.

Deshalb kann ein bestimmter Baum oder eine Felsformation einen Indianer mit Ehrfurcht erfüllen, egal ob diese nützlich oder auch nur schön sind.

Denn seine intuitive Wahrnehmung erkennt in diesem bestimmten Gegenstand den sichtbaren Ausdruck einer unsichtbaren, doch gleichwohl schöpferischen Kraft.

Deshalb betrachtet er solche Gegenstände als heilig.

(Sylvester M. Morey)

Mein Haus

Möge es wunderbar sein
von meinem Kopf bis zu meinen Füßen,
möge es wunderbar sein
über mir, dort, wo ich liege,
überall um mich herum
möge es wunderbar sein.
Da ich um mein Haus herumgehe,
möge es wunderbar sein,
diese Bahn des Lichtes,
meiner Mutter Ahnherr,
möge sie wunderbar sein.
Möge es wunderbar sein,
mein Feuer,
möge es wunderbar sein für meine Kinder,
möge alles gut sein.
Möge es wunderbar sein
mit meiner Nahrung und mit ihrer.
Möge alle meine Habe gesegnet sein,
und möge sie wachsen.
Alle meine Herden,
mögen sie wachsen.

(Haus-Segensspruch der Navajos)

Das Haus des Menschen ist das Haus der Welt

Achtet eure Wohnung! Keinen Streit soll es dort geben. Wenn Besucher kommen, müßt ihr sie achten und willkommen heißen. Seid gut zu euren Nachbarn. Ihr müßt ein Fest veranstalten für die Angehörigen der toten Brüder und Schwestern des Hauses und sie trösten.

(Gebote der Wahpeton)

Delaware-Indianer, die in großen Gemeinschaftshäusern wohnten, kannten eine Big-House-Ceremony. Nach den Untersuchungen von Dr. Speck brachte diese Zeremonie folgendes zum Ausdruck:

„Das Große Haus (Big House) steht für das Universum. Sein Boden ist die Erde, seine vier Wände sind die vier Himmelsrichtungen, seine Wölbung ist das Himmelsgewölbe, über dem der Schöpfer in seiner unbeschreiblichen Souveränität wohnt ...

Der Mittelpfosten ist der Stab des Großen Geistes, der mit seinem unteren Teil auf der Erde steht, dessen Spitze aber in der Hand des höchsten Gottes ruht ...

Die östliche Tür ist die Stelle des Sonnenaufgangs, wo der Tag beginnt – und zugleich ist sie Symbol für den Beginn aller Dinge.

Die westliche Tür ist die Stelle des Sonnenunterganges und zugleich Symbol des Verlöschens. Die Nordwand und die Südwand haben die Bedeutung ihrer jeweiligen Horizonte ...

Der Boden unter dem Großen Haus ist das Reich der Unterwelt, während über dem Dach sich die ausgedehnten Ebenen erstrecken ...

die bis zur Wohnung des Großen Geistes reichen ...

Aber die tiefste Allegorie besteht in dem Begriff des Weißen Pfades (White Path), dem Symbol des Durchganges des Lebens ...

Von der östlichen Tür ausgehend ...
ist dies der Pfad des Lebens, über den der Mensch
seinen Weg nimmt, zur westlichen Tür hin, wo alles
endet.

(Dr. Speck)

Das Konzept des kosmischen Hauses hat ein hohes
Alter und ist in Nordamerika zu finden von einem
Ende des Kontinents bis zum anderen.

(Starkloff)

Balance von Körper, Geist und Seele

Ich lebte früher das natürliche Leben, während ich jetzt ein künstliches Leben führe. Jeder schöne Stein war mir damals wertvoll; jeder wachsende Baum ein Gegenstand der Verehrung.

Jetzt stehe ich zusammen mit dem Weißen Mann bewundernd vor einer gemalten Landschaft, deren Wert in Dollar gemessen wird!

In dieser Art werden Indianer umgeformt – so wie Natursteine zu Staub zermahlen und dann zu künstlichen Blöcken geformt werden, aus denen man die Mauern der modernen Gesellschaft errichten kann.

Die „ersten Amerikaner" verbanden mit ihrem Stolz eine einzigartige Demut. Spirituelle Arroganz war ihrer Natur und ihrem Leben eher fremd.

Sie beanspruchten niemals, daß die Gabe der artikulierten Sprache ein Beweis sei für die Überlegenheit über die übrige sprachlose Schöpfung. Vielmehr ist Sprache für sie ein gefährliches Geschenk.

Sie glauben im tiefsten Herzen an das Schweigen – das Zeichen eines vollkommen ausgewogenen Charakters. Schweigen bedeutet absolute Ausgeglichenheit, eine Balance von Körper, Geist und Seele.

Der Mensch, der sein Selbst bewahrt, ist immer still und wird von den Stürmen des Lebens nicht erschüttert – es rührt sich gewissermaßen kein Blatt an dem Baum, kein Plätschern kräuselt die Oberfläche des stillen Sees ... Schweigen ist der Eckpfeiler des Charakters. *(Obiyesa = Charles Alexander Eastman, Sioux)*

Durch den Winter,
durch den Sommer,
durch den ganzen Reigen der Monate
    habe ich um Licht für dich gebetet ...
Ich bitte um den lebenspendenden Atem
des großen Geheimnisses:
    den Atem des hohen Alters,
    den Atem der Wasser,
    den Atem der Samen,
    den Atem der Fülle,
    den Atem der Fruchtbarkeit,
    den Atem der Kraft,
    den Atem des guten Geistes,
    den Atem allen guten Geschickes.
Ich bitte um seinen Atem.
    Und indem ich seinen Atem hereinhole
    in meinen warmen Körper,
    füge ich ihn jetzt
    deinem Atem hinzu,
    damit du immer glücklich leben mögest ...
In Wahrheit,
    solange wir uns am Licht des Tages erfreuen,
    mögen wir einander grüßen in Liebe.
In Wahrheit,
    solange wir uns am Licht des Tages erfreuen,
    mögen wir füreinander beten.

(Gebet des „Bowpriest" Sayataca, Zuni)

Lieder haben auch magische Kraft, und bei den Maistänzen der Pueblos gibt es viele solcher Lieder ... Sie werden von einem Chor gesungen und stellen den Atem des Volkes dar ... Alle guten Dinge, die mit dem Wohlergehen des Stammes und ehrenhaften menschlichen Wünschen zu tun haben, sind das Thema solcher Bittgesänge: Gebete für Kinder, Gebete um Gesundheit und um äußere Güter, Gebete um lauteres Denken und freundliche Herzen. Alles wird mit einem solchen Fest zum Ausdruck gebracht.

(Hartley Burr Alexander)

Ich halte diesen Türkis-Stein
in meinen Händen.
Meine Hände halten den Himmel,
gestaltet in diesem kleinen Stein.
Da steht eine Wolke am äußersten Rand.
Und die Welt liegt irgendwo darunter.
Ich wende den Stein,
und der Himmel weitet sich.
Dies ist die heitere Klarheit,
die nur in Steinen möglich ist,
der Ort eines Gefühls,
zu dem man gehört.
Ich bin glücklich,
wie ich diesen Himmel halte
in meinen Händen,
in meinen Augen
und in mir selbst. *(Simon J. Ortiz, Pueblo, geb. 1941)*

Zur Zeit der Schöpfung erhielt der Weiße Mann einen Stein und der Indianer ein Stück Silber. Da der Weiße Mann den Stein für nichts achtete, warf er ihn fort. Der Indianer, dem das Silber ähnlich wertlos erschien, warf es ebenfalls fort. Später nahm der Weiße Mann das Silber und benutzte es als eine Quelle materieller Macht. Der Indianer nahm den Stein und verehrte ihn als eine Quelle heiliger Macht. Denn für ihn ist die kosmische Kraft eingeschlossen in einem gewöhnlichen Stein.

(Mythos der Cherokee)

Adler-Gedicht

Gebet

Um zu beten,
    öffnest du dein ganzes Selbst
    dem Himmel, der Erde,
    der Sonne, dem Mond;
    der einen unversehrten Stimme,
        die du bist.
Und du weißt, daß da mehr ist,
    das du nicht sehen kannst,
        nicht hören kannst,
        nicht wissen kannst –
    außer in Augenblicken,
        die unentwegt wachsen,
    und in Sprachen,
        die nicht immer aus Lauten bestehen,
        sondern aus anderen kreisenden
        Bewegungen.
Wie Adler
    an dem Sonntagmorgen
    über dem Salt River.

Er kreiste im blauen Himmel
    im Wind,
berührte unsere Herzen mit heiligen Flügeln
    und reinigte sie.

Wir sehen dich, sehen uns selbst
    und wissen,
    daß wir allen Dingen
    mit äußerster Behutsamkeit
            und Aufmerksamkeit
    begegnen müssen.
Wir atmen all dieses ein
und wissen: Wir sind aus all diesem gemacht.
Und wir atmen
    und wissen:
    Wir sind wahrhaft gesegnet,
    da wir geboren wurden
    und bald sterben werden
    in einem getreuen Kreis der Bewegung.
Wie der Adler,
    der den Morgen rundete
    in uns.
Wir beten, daß es geschehen möge
    in Schönheit,
    in Schönheit.

(Joy Harjo, Cree-Indianerin)

Hände, die die Erde küßten

Hände, die die Erde küßten,
    die den Regen kennen;
Hände, die die Wolken hielten,
    die die Sonne fühlten;
Hände deines Atems,
    die dein Lied sangen,
falteten sich über meine Augen
    und schlossen sich über meinem Herzen.
Du erhobest dich wie ein Adler
    und schliefest in mir
mit deinem vollen Bewußtsein
    meines Seins
    und deinem
vollen Bewußtsein deiner selbst.
    Ich bin der Hirsch, den du jagst.
Ich bin der Regen, dem du nacheilst.
    Ich bin du.

(Harold Little Bird)

D̲er Sinn
– für die Verwandtschaft aller Dinge
– für den geistigen Odem aller Dinge
– für das vernünftige Bewußtsein aller Dinge
ist das am klarsten identifizierbare Kennzeichen traditioneller indianischer Poesie.

(Paula Gunn Allen, Pueblo)

Freudengesang des Tsoai-Tallee

Ich bin eine Feder am hellen Himmel.
Ich bin das blaue Pferd, das über die Ebene jagt.
Ich bin der Fisch, der glänzt und sich im Wasser tummelt.
Ich bin der Schatten, der einem Kinde folgt.
Ich bin das Abendlicht – die Wonne der Wiesen.
Ich bin ein Adler, der mit dem Winde spielt.
Ich bin eine Traube aus strahlenden Tropfen.
Ich bin der fernste Stern.
Ich bin die Kühle des Morgens.
Ich bin das Tosen des Regens.
Ich bin das Glitzern auf dem verharschten Schnee.
Ich bin die lange Spur des Mondes auf dem See.
Ich bin eine Flamme aus vier Farben.
Ich bin das Reh, dessen Bild sich im Dämmerlicht des Abends verliert.
Ich bin der Winkel im Flug der Wildgänse am winterlichen Himmel.
Ich bin der Hunger des jungen Wolfes.
     Ich bin der umfassende Traum dieser Dinge.

Verstehst du – ich lebe, ich lebe.
Ich stehe in guter Beziehung zur Erde.
Ich stehe in guter Beziehung zu den Göttern.
Ich stehe in guter Beziehung zu allem, was schön ist.
Verstehst du – ich lebe.

ICH LEBE.

(N. Scott Momaday, Kiowa)

Das Ganze der Natur ist in mir – und ein bißchen
von mir ist im Ganzen der Natur.

(Lame Deer, Sioux)

Mitak Oyassin –
alles ist miteinander verwandt.

(Gruß zu Beginn der Schwitzzeremonie bei den Sioux)

Aus allen Kreisen
des Himmels
höre ich die Stimme
des Großen Geheimnisses.

(Midé-Lied)

Das kosmische Muster

Der Himmel dreht sich, und durch seine Bewegung gibt er unserem Leben Maß. In Harmonie zu leben mit der Welt und ihren Zyklen: Das ist das Ziel traditionell eingestellter Indianer.

Sie beziehen die Muster ihres Lebens von einer aufmerksamen Beachtung der Rhythmen des Himmels und der Erde ...

Ob als Architekten, Weber, Jäger, Töpfer oder Geschichtenerzähler: Traditionell eingestellte indianische Männer und Frauen weben ihre Wahrnehmungen der himmlischen Ordnungen in ihr Leben ein.

So können sie direkt an der Struktur des Universums teilnehmen.

(Ray A. Williamsson)

Die Pfeife, von Weißen auch häufig ‚Friedenspfeife‘ genannt, war und ist auch heute noch für viele Indianerstämme der Prärie ein heiliger Gegenstand.

Sie gilt als Symbol des menschlichen Körpers, und das Rauchen der Pfeife ist Sinnbild der Vereinigung der Menschen miteinander und der Menschen mit dem Universum.

Der Rauch, der hoch steigt, vereint außerdem Erde und Himmel miteinander.

„Wenn man eine Pfeife füllt, so sind der Weltenraum (repräsentiert durch das geplante Rauchen) und alle Dinge (repräsentiert durch die Tabakteilchen) an

einem einzigen Punkt versammelt, dem Kopf oder dem Herzen der Pfeife.

So enthält die Pfeife – oder ist sogar in Wirklichkeit – das Universum.

Zu dem Universum, das die Pfeife so darstellt, gehört auch der Mensch.

Derjenige, der die Pfeife füllt, begründet damit nicht nur den Mittelpunkt des Universums ...

So hört der Mensch auf, Teil und Fragment zu sein, und wird heil oder heilig."

(Francis La Flesche)

Die heilige Pfeife galt bei den Sioux als ein Geschenk göttlicher Wesen. White Buffalo Woman hatte sie in grauer Vorzeit dem Volk gebracht. „Das hölzerne Pfeifenrohr repräsentiert alle Pflanzen. Tierzeichen darauf repräsentieren alle Tiere. Angebundene Federn repräsentieren alle Vögel. Die Tabakteilchen repräsentieren die vielen Geschöpfe Gottes.

So werden durch das Rauchen der Pfeife der ganze Kosmos und alle Schöpfung zusammengeführt.

Heute verstehen viele Indianer von Küste zu Küste die Pfeife als ein spirituelles Symbol für ihr gemeinsames Erbe. Sie ist so etwas wie ein religiöser Faden, der die buntscheckigen Muster indianischer Kultur und Religion zusammenbindet."

(Steltenkamp)

Denk daran

Brief an einen jungen Indianer:

Denk an den Himmel, unter dem du geboren wurdest;
    vergiß nicht die Geschichte eines jeden Sterns.
Denk an den Mond;
    vergiß nicht, wer er ist.
Denk an die Geburt der Sonne in der Morgendämmerung;
    das ist der mächtigste Augenblick.
Denk an den Sonnenuntergang,
    wenn alles der Nacht weicht.
Denk an deine Geburt;
    wie deine Mutter sich mühte,
        dir Gestalt und Atem zu geben.
    Du bist ein Zeuge ihres Lebens
        und des Lebens ihrer Mutter
            und deren Mutter.
Denk auch an deinen Vater;
    auch er ist dein Leben.
Denk an die Erde, deren Haut du bist;
    rote Erde, schwarze Erde, gelbe Erde,
    weiße Erde, braune Erde.
        Wir sind Erde.

Denk an die Pflanzen, die Bäume, die Tiere,
   die auch alle ihre Sippen haben,
               ihre Familien,
               ihre Geschichten.
   Sprich mit ihnen, hör ihnen zu;
               sie sind lebende Dichtung.
Denk an den Wind;
   denk an seine Stimme;
   er kennt den Ursprung dieses Universums.
Denk daran, daß du alle Menschen bist
   und daß alle Menschen du sind.
Denk daran, daß du dieses Universum bist
   und daß dieses Universum du ist.
Denk daran, daß alles in Bewegung ist,
               wächst,
               du ist.
Denk daran, daß daraus Sprache entsteht.
Denk daran, daß Sprache ein Tanz ist;
               daß Leben ein Tanz ist.
Denk daran.

(Joy Harjo, Cree-Indianerin)

Eure Religion – unsere Religion

Eure Religion
wurde auf Steintafeln geschrieben
von dem ehernen Finger eines erzürnten Gottes,
damit ihr sie nicht vergessen würdet.
Der Rote Mann
konnte das nie begreifen
und auch nicht behalten.

Unsere Religion
besteht in der Tradition unserer Vorfahren –
in den Träumen unserer alten Männer,
die ihnen in den stillen Stunden der Nacht
vom Großen Geist gegeben werden –
und in den Visionen unserer Weisen.
Und sie steht geschrieben
in den Herzen unseres Volkes.

(Aus der Rede des Häuptlings Seattle,
‚Urfassung‘ von 1853/54–1887)

Frucht bringen

Haus der Welt

Tse'gíhi

Haus aus Morgendämmerung.
Haus aus Abendlicht.
Haus aus segenspendender Wolke.
Haus aus zeugendem Regen.
Haus aus geheimnisvollem Nebel.
Haus aus fruchtbringendem Regen.
Haus aus Blütenstaub.
Haus aus Grashüpfern.

Segenspendende Wolke steht an seinem Eingang.
Segenspendende Wolke steht an seinem Ausgang.
Der zuckende Blitz steht hoch über ihm.
Väterlicher Gott,
ich bringe dir ein Opfer dar,
ich habe ein Opfer für dich vorbereitet.

Mache meine Füße gesund!
Mache meine Beine gesund!
Mache meinen Körper gesund!
Mache meine Seele gesund!
Mache meine Stimme gesund!
Am heutigen Tag nimm den Schaden von mir!
Der Schaden ist von mir fortgenommen.
Du hast ihn von mir genommen.
Er ist weit weg.

In Glück und Harmonie werde ich gesund.
In Glück und Harmonie wird mein Inneres ruhig.
In Glück und Harmonie schreite ich einher.

Haus der Welt – auf Navajo

T se'gíhi

Hayolkál behogán
Nahotsoí behogán
Kósdilyil behogán
Niltsabaká behogán
A'dilyil behogán
Niltsabaád behogán
Taditdin behogán
Aniltani behogán

Kósdilyil dadinlá'
Kósdilyil biké dzeétin
Atsinitlis yíke dasizíni
Hastsébaka
Nigél islá'
Nadíhila'

Siké saádilil
Sitsát saádilil
Sitsís saáditlil
Si'ni saáditlil
Siné saáditlil
Tádisdzin naalíl sáhadilel
Naalíl sahanéinla'
Sitsádze tahi'ndinla'
Nizágo nastlín

Hozógo nadedisdál
Hozógo sitáha dinokél
Hozógo tsidisál

Mein Inneres in Ruhe geborgen –
    so möge ich wandeln.
Nicht länger krank –
    so möge ich wandeln.
Unerreichbar für Schmerz –
    so möge ich wandeln.
Mit lebhaften Empfindungen –
    so möge ich wandeln.
So wie es vor langer Zeit war –
    so möge ich wandeln.

In beglückender Harmonie,
    mit Regenwolken im Überfluß –
    möge ich wandeln.
In beglückender Harmonie –
    so möge ich wandeln.
In beglückender Harmonie,
    mit Regenschauern im Überfluß –
    möge ich wandeln.
In beglückender Harmonie,
    mit Pflanzen im Überfluß –
    möge ich wandeln.

In beglückender Harmonie,
    auf einem Pfad von Blütenstaub –
    möge ich wandeln.

In beglückender Harmonie
    möge ich wandeln,
wieder so, wie es vor langer Zeit war,
    möge ich wandeln,

Sitáha honezkázigo nasádo

Dosatéhigo nasádo

Dosohodilnígo nasádo

Saná' nislíngo nasádo

Daalkída kitégo nasádo

Hozógo nasádo

Hozógo kósdilyil senahotlédo nasádo

Hozógo sedahwiltíndo nasádo

Hozógo nánise senahotlédo nasádo

Hozógo taditdín keheetíngo nasádo

Hozógo nasádo

Tasé alkídzi ahonílgo nasádo

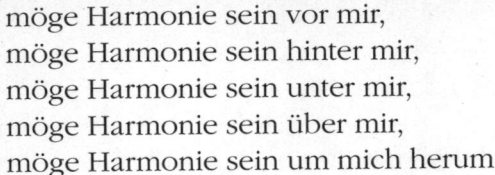

möge Harmonie sein vor mir,
möge Harmonie sein hinter mir,
möge Harmonie sein unter mir,
möge Harmonie sein über mir,
möge Harmonie sein um mich herum.

In Harmonie ist es beendet.

(Gebet aus einer Heilungszeremonie der Navajo [Night Chant])

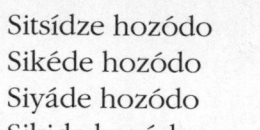

Sitsídze hozódo
Sikéde hozódo
Siyáde hozódo
Sikide hozódo
Siná taáltso hozódo

Hozó nahastlín

(Nach: Washington Matthews)

Dieses Gebet ist ein Beispiel für eine umfassende Sicht der Dinge … Es ist keineswegs zufällig oder unbedeutend, daß der Sänger mit dem Gedanken der Schönheit und Harmonie endet – der Harmonie in der äußeren Welt – und mit dem Gedanken an den Menschen in der Anwesenheit und dem vollen Bewußtsein dieser Schönheit und Harmonie … Das „Haus" in diesem Gedicht aus dem „Night Chant" ist die äußere Welt selbst. Der Sänger versichert sich selbst und seinen Zuhörern … daß er eine umfassende und unwiderrufliche Teilnahme an der ganzen Welt hat. Auf der Ebene der rationalen Aussage ist das Gebet zutiefst einfach und direkt. Der Sänger bekennt sich zu der geheiligten Wirklichkeit der Welt und ihrer verschiedenen Aspekte, und dieser Wirklichkeit bietet er sein Gebet an – sozusagen ein Unterpfand seiner umfassenden Verknüpfung mit ihr. Er sehnt sich nach der Gesundung seines Körpers, seiner Seele und seines Geistes. Diese Gesundung besteht angesichts seiner kulturellen und religiöser Bezüge vor allem in ästhetischer Wahrnehmung, der Wahrnehmung eines wohlgeordneten Seienden und der Schönheit, in welcher er den menschlichen Mittelpunkt bildet. Die Wirklichkeit seines Gebetes erfährt er, noch während er spricht. „In Harmonie ist es beendet." Die sprachlichen Formeln in diesem Gebet stellen selbst einen religiösen Zusammenhang dar. Das heißt, sie sind sorgfältig überliefert und festgelegt. Sie sind nicht Erfindung des Sängers, sondern ein Strom, in den er eintaucht und von dem er in seinem Geist getragen wird. Er glaubt, daß Sprache in sich selbst Macht hat und daß sie eine andere und wahrhaft unverzichtbare Dimension des „Hauses" ist, in dem er, der Sänger, wohnt. Sie ist außerdem die Dimension, in der seine Existenz am umfassendsten vollendet wird. Der Sänger schafft nicht Sprache, sondern wird selbst in ihr erschaffen. In einem realen Sinne ist seine Sprache sowohl der Gegenstand als auch das Mittel seiner religiösen Erfahrung.

(N. Scott Momaday, Kiowa, geb. 1934)

Dieses Lied „House Made of Dawn" soll das Gute anlocken und das Böse abwehren. Das Ziel des „Night Chant" ist es, Kranke von dem Verlust geistiger und seelischer Ausgeglichenheit zu heilen. Das Gebet führt durch seine Sprache und seine Struktur eben die Harmonie vor, die es zu schaffen sucht; Morgendämmerung steht in Balance zu Abendlicht, segenspendende Wolke und zeugender Regen stehen in Balance zu geheimnisvollem Nebel und fruchtbringendem Regen. Alle Dinge befinden sich im Gleichgewicht, denn für die Navajo- und die Pueblo-Religion besteht das Gute im kontrollierten Ausgewogensein. Weiterhin herrschen Reise-Metaphern in dem Gebet vor („so möge ich wandeln"), und die Sequenz der Heilungsanrufe findet ihren Höhepunkt in den Worten „Mache meine Stimme gesund". Heilung der Stimme ist ein äußeres Zeichen für innere Harmonie.

(Lawrence J. Evers)

Einem Kranken singen die Navajo ein heiliges Lied, das alle Dinge für so vollkommen erklärt, als ob sie soeben erschaffen worden wären. Dadurch wird der oder die Leidende mental in einen Zustand der Vollkommenheit versetzt, der ihm oder ihr ermöglicht, seine oder ihre ursprüngliche Ganzheitlichkeit oder Harmonie wiederzuerlangen.

(W. Y. Evans-Wentz)

Der grundlegende Unterschied

Der grundlegende Unterschied ist: In unserer Religion ist der Große Geist in der Weise Schöpfer aller Dinge, daß jedes Ding eine Seele hat, nicht nur der Mensch, sondern auch die Tiere, Insekten, Pflanzen, sogar Erde, Felsen, Gestirne.

Aber als Adam und Eva aus dem Paradies verstoßen wurden, hieß es, sie müßten den Boden beackern. Steine und Erde wurden zu ihren Gegnern. Das heißt, sie mußten die Erde beherrschen. Die Erde besaß keine Seele. Die hatte nur der Mensch.

(Victor Runnels, Sioux)

Wir könnten die Auffassung der Pueblo betrachten, daß die Mutter Erde im Frühjahr schwanger ist; und daß man sie dann ebenso behutsam behandelt, wie man eine schwangere Frau behandeln würde. Einige Pueblo nehmen (deshalb) im Frühling noch die Absätze von ihren Schuhen und manchmal die Eisen von den Hufen ihrer Pferde. Ich fragte einmal einen Hopi, den ich dort traf: „Wollen Sie damit sagen, daß alles durcheinandergerät und nichts wachsen wird, wenn ich meinen Absatz in die Erde stoße?"

Er antwortete: „Nun, ich weiß nicht, ob das geschehen würde oder nicht. Aber es würde jedenfalls zeigen, was für eine Art Mensch Sie sind."

(Barre Toelken, amerikanischer Ethnologe)

Mitte des Herzens

Das Herz des Menschen ist ein Heiligtum.
In seiner Mitte befindet sich ein kleiner Raum,
in dem das Große Geheimnis wohnt ...
Um diese Mitte des Herzens zu kennen,
müßt ihr rein und gut sein
und in der Art und Weise leben,
die das Große Geheimnis uns gelehrt hat.
Der Mensch, der also rein ist,
trägt das Weltall
      in der Mitte seines Herzens.

(Black Elk, Sioux)

Die Stimme, die das Land schön macht,
die Stimme oben,
die Stimme des Donners
    in der dunklen Wolke,
      wieder und wieder ertönt sie,
die Stimme, die das Land schön macht.
Die Stimme, die das Land schön macht,
    die Stimme unten,
    die Stimme des Grashüpfers
    zwischen den Pflanzen,
      wieder und wieder ertönt sie,
die Stimme, die das Land schön macht.

(Aus dem Navajo-Mountain-Chant)

Dieses Gebet feiert die Klänge, die in der natürlichen Welt vorkommen, besonders die Stimmen, die der Erde Schönheit verleihen ... In der Idee dieses Liedes findet sich ein Begriff der Welt, der eigentümlich indianisch ist, der – so glaube ich – wesentlich ist für die Art des Denkens der Navajo und überhaupt der Indianer.

Der Sänger steht im Mittelpunkt des Klanges, der Bewegung, des Lebens.

Nichts im gesamten Bereich des Seienden ist für ihn unzugänglich oder läßt ihn unberührt. Jedenfalls haben wir den Eindruck, daß dies so ist, und er auch. Sein Lied ist voller Ehrfurcht vor dem Wunderbaren, voller Freude und auch voller Vertrauen. Er weiß et-

was von sich selbst und auch von der Welt, in der er lebt, und er weiß, daß er weiß. Er hat Frieden in seinem Herzen.

Was sieht er, und was hört er? Unser erster Eindruck ist vielleicht, daß seine Wahrnehmung vertikal orientiert ist.

„Stimme oben", sagt er, und „Stimme unten". Aber ist nur sie vertikal? Auf jeder Ebene seines Ausdrucks gibt es eine Gestaltung von Klang und Substanz.

Die „Stimme oben" ist die Stimme des Donners, und Donner rollt. Außerdem kommt sie aus den nicht faßbaren dunklen Wolken und läuft über deren horizontale Ausdehnung. Es ist ein Klang, der das Gesamt der Atmosphäre durchdringt.

Und ebenso kommt die „Stimme unten", die Stimme des Grashüpfers oder der Grille, hervor aus der gesamten Landschaft und der Vielfalt der Pflanzen. Der Sänger zeigt auf nichts im besonderen und auf alles im allgemeinen. Wir erleben die Weite seines Sehens und seines Hörens. Dieses Erfassen von Erde und Luft in der Sprache ist eine Sache der sittlichen Gesinnung, glaube ich. Denn es bringt zur Darstellung nicht nur die spontane Reaktion des Menschen auf seine Umwelt, sondern ebenso die umfassende Vergegenwärtigung seines Menschseins – die Vollendung seiner intellektuellen und geistigen Entwicklung als Individuum und als Geschlecht.

(N. Scott Momaday, Kiowa)

Es ist gesagt worden, daß die Navajo keinen Begriff von einem höchsten Gott haben, weil man in ihrer Sprache keinen Namen für ihn findet.

Dies ist nicht richtig!

Das Höchste Wesen wird in unserer Religion nicht benannt, weil es jenseits des menschlichen Verstehens liegt. Es ist einfach die unbekannte Kraft. Wir verehren sie durch ihre Schöpfung.

Wir fühlen uns zu unbedeutend, um direkt im Gebet die große Kraft anzusprechen, die zu unermeßlich für das menschliche Verstehen ist.

Die Natur ist die Nahrung der Inspiration unserer Seele, und deshalb nähern wir uns IHM durch den Teil von ihm, der uns nahe ist und der nicht außerhalb der Reichweite des menschlichen Verständnisses ist ...

Da jedes Seiende, ob lebendig oder nicht, in sich einen Teil des geistigen Schöpfers hat, ist es für uns selbstverständlich, daß wir alle Teile der Schöpfung ehren.

Wenn der Navajo-Medizinmann eine Pflanze oder ein Kraut pflückt, dann spricht er zu ihm. Er sagt ihm, daß er es nicht ohne Grund abpflückt, sondern weil er seiner Hilfe bei der Heilung eines kranken Menschen bedarf. Nachdem der Patient den Tee getrunken hat, wird die Pflanze in der Erde vergraben, und es wird ihr gedankt, daß die Gesundheit wiederhergestellt worden ist.

Wir glauben, daß alles seinen Ursprung in Gedanken hat; daß die Kraft der Gedanken wirklich ist, ob

zum Guten oder zum Schlechten. Gute Gedanken, reine Gedanken – Gedanken, die rein sind wie der Blütenstaub des Maises, die rein sind wie Tautropfen – werden Harmonie, Gesundheit und Glück bewahren. Wenn aber schlechte Gedanken der Furcht, des Neides und des Hasses in unsere Herzen kommen, dann zerstören sie die Balance unserer Seele und unseres Körpers.

Deshalb werden Gebete und Zeremonien abgehalten, um das Denken wieder auf einen geraden und harmonischen Pfad zu führen. So wird das Wohlbefinden wiederhergestellt. Ärzte und Psychiater, die mit unseren Leuten arbeiten, sind sich zunehmend bewußt geworden, wie wirksam unsere Zermonien sind, um geistige und körperliche Gesundheit wiederherzustellen.

(Carl N. Gorman, Navajo)

Ich bete,
bevor ich etwas beginne,
    so daß es ein Segen
    für alle Menschen sein wird.

(Red Hat, Cheyenne)

Die Energie des Universums muß erneuert werden

Ein Zweck religiöser Zeremonien bei vielen Prärie-Indianern ist es, die abnehmende Energie des Universums zu erneuern ... Die Energie des Universums läßt nach wie bei einer großen Batterie ...

Sioux-Indianer glauben, daß sich die Energie des Universums deshalb verringert, weil die Menschen nicht so leben, wie sie sollten: Sie passen ihr Verhalten nicht der Ordnung und dem Plan an, die sich in der Natur offenbaren; sondern sie versuchen, die Natur zu beherrschen.

Dieses führt zu Unordnung in natürlicher, ethischer und moralischer Beziehung ...

Der Hauptzweck des Sonnentanzes ist es deshalb, die sich verflüchtigende Energie des Universums wiederherzustellen; die Batterie wieder aufzuladen; die kosmischen Energien der Schöpfung und Ordnung in eine Art Gleichgewicht zu bringen mit den entgegenstehenden Kräften der Zerstörung und der Unordnung ...

Die Menschen müssen die Energie des Universums durch rituelle Regeneration erneuern, wenn Feldfrüchte, Tiere und Menschen überleben sollen.

Der Mensch kann diese Energie niemals beherrschen; er kann nur versuchen, sie zu erneuern durch seine Riten und seine Zeremonien, die ihrerseits wieder mit seinem Glauben und seinem moralischen Verhalten übereinstimmen müssen.

(Harry W. Paige)

Großvater ,Birdfoot'

Der alte Mann
muß unser Auto
wohl zwei dutzendmal angehalten haben,
um herauszuklettern
und in seinen Händen
die kleinen Kröten zu sammeln,
die,
geblendet von unseren Lichtern,
herumhüpften wie lebendige Regentropfen.

Regen fiel,
Nebelschleier umhüllten sein weißes Haar,
und ich sagte immer wieder:
Du kannst sie nicht alle retten,
finde dich damit ab,
komm zurück ins Auto,
wir müssen weiter –
haben noch viel vor.

Doch er –
seine gegerbten Hände voll von feuchtem, braunem
    Leben,
bis zu den Knien
im sommerlichen Gras des Straßengrabens stehend –,
er lächelte nur und sagte:
Auch sie haben noch viel vor.

(Joseph Bruchac, Abenaki)

Für Indianer „sind Denken, Sprechen und Singen allesamt schwingungsähnliche Erscheinungen, und sie sind wesentlich mit Sein und Handeln verknüpft.

Alle lebenden Wesen haben teil an einer Ordnung, in der alles mit allem zusammenhängt, und alle Wesen sind für die Gedanken, Gefühle, Reden und Gesänge von menschlichen Wesen bald mehr, bald weniger empfänglich.

Harmonie und Ordnung in der Umwelt können nur aufrechterhalten werden, wenn die Menschen in angemessener und harmonischer Weise denken, fühlen, sprechen und singen.

Harmonie, Ordnung und Gleichgewicht im Universum zu erhalten ist eine der wichtigsten Aufgaben, die den Indianern von ihren Gottheiten aufgetragen wurden.

Traditionsbewußte Indianer sehen sich deshalb nicht nur als die Hüter ihres eigenen Wohlergehens, sondern als Hüter allen Lebens schlechthin und fühlen sich darin von Mutter Erde unterstützt.

Die traditionellen Indianer nehmen diese Verantwortung ernst und verbringen einen großen Teil ihrer Zeit mit rituellen Verrichtungen, die von ihnen als Fürsorge für die Umwelt verlangt werden."

(Gary Witherspoon, amerikanischer Ethnologe)

An einen Zedernbaum

Schau mich an, Freund!
Ich komme und bitte dich um dein Kleid.
Du hast ja Mitleid mit uns,
denn es gibt nichts,
für das wir dich nicht gebrauchen können ...

Du bist bereit,
uns dein Kleid zu geben.
Ich komme,
um dieses von dir zu erbitten,
von dir,
der du langes Leben gibst,
denn ich will aus dir einen Korb
für die Wurzeln meiner Lilien machen.

Ich bitte dich, Freund,
sei nicht ungehalten wegen der Dinge,
die ich mit dir tun werde.
Und bitte,
sage auch deinen anderen Freunden,
was ich von dir erbitte.

Leb wohl, mein Freund.
Halte Krankheit von mir fern,
so daß ich nicht
durch Krankheit oder Krieg umkomme,
Freund.

(Bitte einer Kwakiutl-Frau an einen jungen Zedernbaum,
dessen Rinde sie benötigt)

Worte eines Sioux-Indianers an eine Maus

Du bist klein,
aber doch groß genug,
deinen Platz in der Welt auszufüllen.
    Du bist zwar schwach,
    doch stark genug für deine Arbeit,
    denn heilige Mächte stärken dich.
    Du bist auch weise,
    denn die Weisheit
    der heiligen Mächte
    ist immer bei dir.
Möge ich immer weise sein in meinem Herzen,
denn wenn heilige Weisheit mich führt,
dann wird sich dieses von Schatten verwirrte
Leben in immerwährendes Licht verwandeln.

Mein Vater gab mir die Deutung des Fünften Gebotes:

„Du sollst nicht töten;
sei nicht ungerecht,
nicht unfreundlich.
Sieh kleine Tiere nicht als Plage an.
Sie sind geschaffen, um bei uns zu sein.
Sei vielmehr ein Erhalter des Lebens.
Wenn du eine Fliege in einem Eimer mit Wasser siehst,
die versucht, sich zu retten,
so steck deinen Finger in das Wasser,
laß sie heraufkriechen
und wirf sie in die Luft.
So rettest du ein Leben,
das für Gott ebenso kostbar ist
wie deins."

(Refugio Savala, Yaqui, geb. 1904)

Der Mensch muß die ganze Schöpfung lieben
— oder er wird nichts in ihr lieben.

(Chief Dan George)

Unsere Kultur
hat uns gelehrt,
daß alle Dinge heilig sind
und daß jedes eine Bestimmung hat,
die nicht verletzt werden darf.

(Vertreter des Irokesen-Bundes, 1976)

Wir Euro-Amerikaner suchen immer noch zu trennen: Kirche, Staat, Familie, Arbeit, Erholung, Sport und andere einander überlappende und in Wirklichkeit einander durchdringende Realitäten des Lebens.

Nicht so Indianer ... Im allgemeinen unterscheiden sie nicht zwischen religiösen und nichtreligiösen Betätigungen. Eine solche Unterscheidung wäre für sie ein sinnloses Unterfangen, weil sie den Lebenszyklus verstehen als einen heiligen, fortschreitenden und in allen Teilen gänzlich miteinander verbundenen Prozeß ...

Alles steht zueinander in Beziehung und ist letztlich göttlichen Ursprungs. So sahen Indianer das, was wir gerne als unterschiedene Realitäten ansehen, als Teil einer umfassenden Integration ...

(Steltenkamp)

Viele indianische Stimmen sehen religiöse Erfahrung als etwas, von dem sie stets umgeben sind. Meine Freunde, die Navajo, würden sogar sagen, daß es wahrscheinlich nichts gibt, das nicht-religiös genannt werden kann. Für sie hat nahezu alles, was irgend jemand tun kann, irgendeine religiöse Bedeutung, und viele andere Stämme würden zustimmen.

(Barre Toelken)

Derjenige, der weiß, daß die Grundlage wahrscheinlich einer jeden Kultur – jedenfalls aber der Kulturen von Naturvölkern – im Religiösen liegt und daß in der Regel religiöse Mythen die Koordinaten für eine Kultur bilden; dieser Mensch muß sich auch bewußt sein, daß durch das Herausbrechen der religiösen Koordinaten, also durch Verwerfung religiöser Überzeugungen und das Verbot religiöser Handlungen, jeweils einer ganzen Kultur die Basis entzogen wird; und daß die Menschen dieser Kultur wenigstens für eine bestimmte Zeit – vielleicht für immer – zu kultureller Orientierungslosigkeit und existentieller Verlorenheit verurteilt werden.

(Rudolf Kaiser)

Blue Sky Hunts, ein Navajo-Medizinmann ... war am 6. Juni 1944 bei der Invasion in der Normandie dabei. Er landete mit der dritten Angriffswelle, kämpfte beim Durchbruch bei Saint-Lô in Belgien, im Schwarzwald und im Rheinland. Er sah die Verwüstungen des Krieges und spürte ein Bedürfnis zu beten. Bevor er Europa 1945 verließ, baute er irgendwo an der französisch-deutschen Grenze ein einfaches Schwitzhaus, in dem er und drei andere Navajo voll Trauer das Feuer der Läuterung entzündeten. Sie sangen zu den Yei (ihren ‚holy people') und baten um Vergebung für die Menschheit:

„So gehe denn wie einer, der langes Leben hat,
und gehe wie einer, der glücklich ist.
Geh und achte die Schönheit vor dir!
Geh und achte die Schönheit über dir!
Geh und achte die Schönheit unter dir!
Geh und achte die Schönheit um dich herum!
Geh und achte auf die Schönheit deiner Rede!."

(Aus dem „Night Chant" der Navajo)

... Alles ist eins geworden

Der heilige Mann der Sioux gräbt eine kleine Höhlung in die lose Erde, nimmt eine kleine Menge Tabak, bietet sie dem Himmel als Opfergabe dar und legt sie in die Mitte der Höhlung. Dann nimmt er mehr braunen Tabak und zieht damit eine Linie von Osten nach Westen und eine andere von Norden nach Süden. Dieses Tabakkreuz garantiert, daß die Kräfte des Universums jetzt in diesem Mikrokosmos, diesem heiligen Ort, gesammelt sind. Auf dieses Tabakkreuz zeichnet er eine Linie aus blauer Farbe ... Die Anwendung dieser blauen Farbe ist sehr wichtig und sehr heilig. Blau ist die Farbe des Himmels, und das Braun des Tabaks ist die Farbe der Erde. Dadurch, daß wir die blaue Farbe auf den Tabak gebracht haben, haben wir Himmel und Erde miteinander vereint – und alles ist eins geworden.

(Black Elk, Sioux)

Atem des Lebens

Wir danken dir
– Mutter Erde –
für die Berge
und die Flüsse,
wo das Reh herumstreift,
geführt von deinem Lebensatem.

(Zuni-Gebet)

In meinem Stamm ... gibt es noch eine ganze Anzahl von Leuten, die wissen, daß ihr Leben auf Religion gründet – auf ihrer eigenen Religion.

Tatsächlich sagen sie sogar, daß es mehr ist als eine Religion, weil man sie vierundzwanzig Stunden am Tage lebt.

(Victor Sarracino, Pueblo)

Gebet der Priester bei den Northern Cheyenne

Großer Vater, mein Vater,
hab Erbarmen mit mir.
Mein Vater, erlaube mir,
glücklich für mich zu leben, fern von Schaden.
Vater, hab Erbarmen mit mir,
damit ich lebe,
solange die immergrünen Bäume wachsen;
damit ich lebe,
um die uralten Hügel zu sehen,
die uralte Luft.
Vater, gib uns reichlich Nahrung,
damit wir weiterleben ohne Schaden.
Vater, unser Schöpfer, gib uns Kraft,
in Heiligkeit zu leben.
Vater, stelle uns in das unmittelbare Leben,
und leite uns auf geradem Wege zum Ende.
Vater, segne und erbarme dich unser
auf unserer Erde,
in unserer Existenz.
Du bist heilig.
Du bist mächtig,
        der du uns auf diese Erde gestellt hast.

Daß viele Naturvölker einen Glauben an einen höchsten Schöpfergott haben, leugnet heute niemand ernstlich.

(Dennis Tedlock)

Um Gott streiten ...

Wir möchten keine Kirchen.
Sie werden uns lehren, um Gott zu streiten.
Wir möchten das nicht lernen.
Wir streiten manchmal mit Menschen über Dinge auf
    dieser Erde.
Aber wir streiten niemals um Gott.
Wir möchten das nicht lernen.

(Chief Joseph)

Alle Menschen –

Uns ist gelehrt worden,
daß alle Menschen das Recht haben,
Gott in der Weise zu verehren,
die ihrem eigenen Gewissen entspricht.

(Vertreter des Peyote-Kults bei den Osage)

Alle Religionen –

Wir glauben,
daß alle Religionen
tatsächlich dasselbe sind –
alle Teil des Großen Geheimnisses.

(Lame Deer, Sioux)

Dank sagen

Frühes Lied

Wenn die Sonne aufgeht –
hoch genug,
um den Frost wegzuwärmen
von den Kiefernnadeln

stehe ich auf,
um vier Gebete
des Dankes zu sagen:
Für diesen schönen klaren Tag,

für diese gute braune Erde,
für alle Brüder und Schwestern
und für das dunkle Blut,

das durch mich fließt
in einem großen Kreislauf
zurück in diese
gute braune Erde.

(Gogisgi/Carroll Arnett)

Jeden Tag,
da ich nach draußen gehe
und Dank sage,
sehe ich auf die weißen Regenwolken,
die Bergzüge,
die Bäume und Kakteen.

Da ich die heilige Luft einatme,
die mir Leben gibt –
da ich auf der Erde stehe,
vor der ich Achtung habe –
da ich die kleinen Kinder sehe,
wie sie spielen:

Da weiß ich,
daß alles der Mühe wert ist,
daß jeder Atemzug der Mühe wert ist.

(Danny Lopez, Papago)

Ich weiß nicht,
>ob die Stimme des Menschen den Himmel er-
reichen kann;

ich weiß nicht,
>ob der Mächtige mich hört, da ich bete;

ich weiß nicht,
>ob die Gaben, um die ich bitte, gewährt wer-
den;

ich weiß nicht,
>ob wir die alte Botschaft wahrhaft hören kön-
nen;

ich weiß nicht,
>was geschehn wird in unseren zukünftigen Ta-
gen.

Ich hoffe,
daß nur Gutes euch widerfahren wird,
meine Kinder.

Ich weiß jetzt,
>daß die Stimme des Menschen zum Himmel
reichen kann;

ich weiß jetzt,
>daß der Mächtige mich gehört hat, da ich be-
tete;

ich weiß jetzt,
>daß die Gaben, um die ich gebeten habe, ge-
währt worden sind;

ich weiß jetzt,
>daß wir die alte Botschaft wahrhaft gehört ha-
ben;

ich weiß jetzt,

daß Tirawa auf das Gebet der Menschen hört;
ich weiß,

daß nur Gutes euch widerfahren ist,
meine Kinder.

(Gebet der Pawnee)

Die Sonne

Die Sonne
das Licht der Welt,
ich höre sie kommen,
ich sehe ihr Gesicht,
wie sie kommt,
sie macht die Geschöpfe auf Erden glücklich,
und sie erfreuen sich.

O Wakan Tanka,
ich gebe dir diese Welt des Lichts,
ich höre dich kommen,
ich sehe dein Gesicht,
dein Tag ist heilig,
ich gebe ihn dir.

Ich höre ihn kommen,
ich sehe sein Gesicht,
an einem heiligen Tag
machtest du den Büffel,
du hast einen glücklichen Tag
für die Welt gemacht.

Ich gebe dir alles.
Wakan Tanka,
sei gnädig mit uns.

(Lied von Prärie-Indianern beim Sonnentanz)

Dankgebet an den Schöpfer

Die vereinte Stimme meines Volkes
erhebt sich zu dir,
Großes Geheimnis:
Wir sagen Dank
     unserer Mutter, der Erde, die uns erhält.
Wir danken dir,
     Großes Geheimnis,
     daß du sie bewogen hast,
     so reichlich von ihren Früchten zu geben,
     und wir hoffen,
     daß sie fortfahren wird,
     es zu tun.
Wir sagen Dank
     den Seen, Flüssen und Strömen,
     die ihren Lauf nehmen
     auf unserer Mutter, der Erde.
Wir danken dir,
     Großes Geheimnis,
     daß du sie mit Leben versehen hast
     für unseren Unterhalt
     und unser Wohlergehen.
Wir sagen Dank
     den Heilkräutern dieser Erde.
Wir danken dir,
     Großer Geist,
     daß du den Heilpflanzen dieses Landes
     Kraft gegeben hast;
     so haben diese geholfen,

unsere Körper gesund und stark zu erhalten;
wir hoffen,
daß sie fortfahren werden, es zu tun.
Wir sagen Dank
den drei Schwestern:
dem Mais, den Bohnen und dem Kürbis.
Wir danken dir,
Großer Geist,
daß du sie gegeben hast
als die wichtigsten Erhalter
unseres Lebens.
Wir danken dir
für die reiche Ernte,
die wir in diesem Jahr eingebracht haben.
Wir sagen Dank
den Büschen und Bäumen dieses Landes;
unsere täglichen Bedürfnisse sind auf ihre
gleichbleibende Freigebigkeit angewiesen,
und wir hoffen,
daß ihr Büsche und Bäume fortfahren werdet,
zu leben als unsere Brüder und
Schwestern dieses Landes.
Wir sagen Dank
den Winden dieses Landes,
die uns durch ihre Bewegung
gesund und stark erhalten haben.
Wir hoffen,
daß unsere vier Brüder,
die Winde
des Nordens,

des Ostens,
des Westens und
des Südens,
fortfahren werden,
für uns wirksam zu sein.
Wir sagen Dank
dem Geist des Donners,
in dem unsere Vorfahren zu uns zurückkehren.
Wir danken dir,
Großes Geheimnis,
denn du hast freigebig für unser Glück
und unser Wohlergehen gesorgt,
indem du den Regen bewogen hast,
auf die Erde herabzukommen
und uns Wasser zu bringen,
so daß alle Pflanzen wachsen können.
Wir bitten dich,
daß du uns nicht verlassen wirst
als unser Beschützer im täglichen Leben.
Wir sagen Dank
der Sonne,
weil sie mit nie endendem Strahlen
auf uns herniederschaut.
Wir danken dir,
Großes Geheimnis,
daß unsere Schwester, die Sonne,
fortfährt für die Wiederkehr der Jahreszeiten zu
sorgen und über das Wohlergehen unseres
Volkes zu wachen.
Wir hoffen,

daß die Sonne
niemals aus Beschämung
ihr Gesicht vor uns verbergen
und uns in Dunkelheit zurücklassen wird.
Wir sagen Dank
dem Mond und den Sternen,
die uns Licht geben,
wenn die Sonne nach Westen gegangen ist;
wir schauen auf den Mond,
in dessen Licht
unsere Urmutter zu uns kommt;
denn sie vollzieht noch immer
den Reigen des Lichtes,
wie er von Anbeginn bestimmt worden ist.
Wir danken auch
für das Leben der Sterne,
die das Licht ihrer Schönheit
über Tausende von Jahren scheinen lassen,
und wir hoffen,
daß sie fortfahren werden,
es zu tun.

Zuletzt sagen wir dir Dank,
unser Schöpfer
Sakoiatison,
denn du bist der Herr allen Lebens;
sollte mein Volk
deine Wünsche mißachten
in Zeiten der Verwirrung,
dann schau auf uns,
und laß uns den rechten Weg sehen,

erneuere deine uralten Worte an uns,
denn deine Worte
waren der Weg
unserer Vorfahren.

(Indianisches Dankgebet)

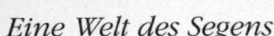

Eine Welt des Segens

Durch das, was ich spreche,
  wird Segen heute kommen.
Durch das, was ich spreche,
  wird Segen heute auf Erden kommen.
Von überall her
  wird Segen für mich kommen.
Von dem Inneren des Hauses dort oben
  wird Segen für mich kommen.
Von dem herniederströmenden Regen
  wird Segen für mich kommen.
Von dort, wo der Blitz zuckt,
  wird Segen für mich kommen.
Von den höchsten Bergspitzen,
  die von der Morgensonne zuerst getrof-
  fen werden,
  wird Segen für mich kommen.
Von dort, wo die Morgendämmerung sich im Osten
  erhebt,
  wird Segen für mich kommen.
Von dort, wo das Blau des Horizonts sich erhebt im
  Süden,
  wird Segen für mich kommen.
Von dort, wo die Abenddämmerung sich erhebt im
  Westen,
  wird Segen für mich kommen.
Von dort, wo die Dunkelheit emporsteigt im Norden,
  wird Segen für mich kommen.

Von überall her
wird Segen für mich kommen.

So bin ich langes Leben und Glück.
Kein Ungemach wird mich treffen.
Dies sind meine Worte.

(Navajo)

Lied der Erde

Alles ruht in Schönheit,
alles ruht in Schönheit,
wahrhaftig, alles ruht in Schönheit.

Jetzt, Mutter Erde
und Vater Himmel,
sie begegnen einander,
sie vereinigen sich,
sie, Gefährten füreinander, immerzu.

Alles ruht in Schönheit,
alles ruht in Schönheit,
wahrhaftig, alles ruht in Schönheit.

Und die Nacht der Dunkelheit
und das Erwachen des Lichtes,
sie begegnen einander,
sie vereinigen sich,
sie, Gefährten füreinander, immerzu.

Alles ruht in Schönheit,
alles ruht in Schönheit,
wahrhaftig, alles ruht in Schönheit.

Und der weiße Mais
und der gelbe Mais,
      sie begegnen einander,
      sie vereinigen sich,
      sie, Gefährten füreinander, immerzu.

Alles ruht in Schönheit,
alles ruht in Schönheit,
wahrhaftig, alles ruht in Schönheit.

Und der Blütenstaub des Maises
und die Reifung,
      sie begegnen einander,
      sie vereinigen sich,
      sie, Gefährten füreinander, immerzu.

Alles ruht in Schönheit,
alles ruht in Schönheit,
wahrhaftig, alles ruht in Schönheit.

Leben, das niemals vergeht,
Glückseligkeit in allen Dingen,
      sie begegnen einander,
      sie vereinigen sich,
      sie, Gefährten füreinander, immerzu.

Alles ruht in Schönheit,
alles ruht in Schönheit,
wahrhaftig, alles ruht in Schönheit.

Jetzt ruht alles in Schönheit,
Alles ruht in Schönheit.
Wahrhaftig, alles ruht in Schönheit.

(Navajo)

Als Indianer zu leben bedeutete, in einem Maße der Harmonie mit der Welt zu leben. Es gibt keine Geschichte eines Sündenfalls in indianischen Mythen oder Legenden. Kein Gott der Indianer erlaubte den Menschen nur einen Akt des Ungehorsams als die einzige Gelegenheit, in der neu geschaffenen Welt etwas zu verändern. Jeder Stamm hatte Geschichten über die Dummheit, den Irrtum oder die Arroganz des ersten Menschen. Aber es gab da nichts, das als Sünde verstanden wurde ...

Deshalb war der Erdboden für die Indianer auch niemals verflucht. Die Natur ist nicht verdorben. Keiner ihrer Götter trieb sie von dem Ort fort, den er gerade mit großem Aufwand für sie geschaffen hatte. Es gibt da keine Ruhelosigkeit oder Heimatlosigkeit, keine Sehnsucht nach etwas Verlorenem, das nicht hier auf Erden, sondern nur im Himmel wiedergefunden werden kann. Es war gänzlich in Ordnung, ein einfaches „Ja" zur Welt zu sagen ...

Wenn indianische Legenden keinen Sündenfall kannten, so kannte ihn doch die indianische Geschichte: Er ereignete sich mit der Ankunft der Weißen; Kolumbus, Cortéz und Coronado, Raleigh und Lord Baltimore, Winthrop und Bradford. Sie waren die Schlangen im Garten Eden.

(A. Krupat)

Meine Worte sind verwoben
    mit den hohen Bergen,
    mit den ragenden Felsen,
    mit den schlanken Bäumen,
verwoben mit meinem Körper
und mit meinem Herzen.

Helft mir alle mit übernatürlicher Kraft.

    Und du, Tag,
    und du, Nacht:
Seht mich alle,
    ICH BIN EINS MIT DIESER WELT.

(Gebet der Yokut)

Die Yokut-Indianer von Kalifornien beenden ihr Gebet mit dieser Bitte, daß sie in einen universalen Plan hineinpassen mögen.

(Herbert Joseph Spinden)

134

Schatten schauen

Lebenszeiten

In der Jugend zur Zeit der Abenddämmerung
Leuchtkäfer an meinen Fingern,
in meiner Hand
ein glühender orangeroter Mond.

Im Jugendalter
zur Zeit der Morgendämmerung
Tau in meinen Augen,
an meinen Zehen feuchte Grasringel.

Als erwachsene Frau zur Zeit des Mittags
Sonnenstrahlen auf meiner nackten Unschuld
und Sehnsucht nach den Flügeln
des roten Vogels.

Im Alter zur Zeit des Zwielichts
überwirkliche Schatten auf meinem Gesicht.
In meinem Herzen spüre ich
eine untergehende Sonne.

(Anne L. Walters, Pawnee-Otoe)

Ich habe das Reh getötet

Ich habe das Reh getötet.
Ich habe den Grashüpfer zerdrückt
und die Pflanzen, von denen er lebt.
Ich habe
durch das Herz von Bäumen geschnitten,
die alt und gerade wuchsen.
Ich habe Fische aus dem Wasser
und Vögel vom Himmel genommen.
In meinem Leben
habe ich den Tod gebraucht,
damit mein Leben sein kann.
Wenn ich sterbe,
muß ich den Wesen Leben geben,
die mich ernährt haben.
Die Erde empfängt meinen Körper
und gibt ihn den Pflanzen
und den Raupen,
den Vögeln
und den Koyoten.
Jedem zu seiner Zeit,
so daß der Kreis des Lebens
niemals durchbrochen wird.

(Myron and Nancy Wood)

Nichts ist einfach und allein. Wir sind nicht getrennt und allein.

Die atmenden Berge, die lebenden Steine, jeder Grashalm; die Wolken, der Regen, jeder Stern; die Tiere, die Vögel und die unsichtbaren Geistwesen der Luft – wir alle sind eins, unteilbar.

Alles, was einer von uns tut, betrifft uns alle ... Das ist das Gesetz des Ganzen ...

Wir erinnern uns alle, daß wir in früheren Tagen nicht leichtfertig auf eine Jagd gingen. Wir sagten zu dem Hirsch, den wir töten wollten:

„Wir wissen, daß dein Leben ebenso kostbar ist wie unseres.

Wir wissen, daß du und wir Kinder derselben großen und wahren Einheit sind.

Wir wissen, daß wir alle ein Leben sind auf der gleichen Mutter Erde unter derselben Wölbung des Himmels.

Aber wir wissen auch, daß ein Leben manchmal vor einem anderen weichen muß, so daß das eine große Leben aller ungebrochen fortdauern kann.

Deshalb bitten wir dich um deine Zustimmung; wir erhalten deine Zustimmung zu diesem Akt des Tötens.“

(Frank Waters über einen indianischen Ritus)

Das Leben – ein Akt der Balance;
die Erde – ein System empfindsamen Gleichgewichts.

Für eine Welt im Gleichgewicht
ist das Sichheben und das Sichsenken
der flachen Erde
      – da sie auf einem
        unterirdischen Ozean gleitet –
kaum wahrnehmbar,
und nichts wird dadurch in Unordnung gebracht.

Die der Medizin kundig sind,
wissen:
Um dieses Gleichgewicht zu erhalten,
müssen die Menschen die Tänze der Welterneue-
   rung tanzen,
müssen ihre Füße dabei gemeinsam
stark und fest auf die Erde niederbringen.
Wenn die Menschen dabei nachlässig sind,
dann neigt sich die Erde;
und wenn sie sich mehr als nur ein wenig neigt,
dann wird es seltsame und schreckliche Verwerfun-
   gen geben.

(Bericht der Yurok)

Anishinabe-Gebet nach der Hirschjagd

Ich war bedürftig.
Ich habe dir Schönheit, Anmut und Leben genommen.
Ich habe deine Seele von ihrem Leib getrennt.
Nie mehr wirst du in Freiheit laufen,
weil ich bedürftig war.

Ich war bedürftig.
Im Leben hast du den Deinen mit Güte gedient.
Mit deinem Leben will ich meinen Brüdern dienen.
Ohne dich muß ich hungern und werde schwach.
Ohne dich bin ich hilflos.

Ich war bedürftig.
Gib mir Kraft durch dein Fleisch.
Gib mir dein Kleid als Schutz.
Gib mir deine Knochen für mein Tun.
Und mir wird es an nichts fehlen

Die heiligen Lehren vieler Indianer
sagen dieses:
Wenn die Menschen versuchen,
alles zu erklären
und nichts im Universum unerkundet zu lassen,
dann werden sie Unglück über sich selbst bringen.
Denn dann versuchen sie,
wie Götter zu sein,
nicht wie Menschen.

(Anna L. Walters)

Wir finden, daß diese Auffassung (von der Herrschaft des Menschen über die Natur) im Gegensatz steht zu den Realitäten der natürlichen Welt und zum Charakter des Naturschutzes.

Unsere Tradition und unsere Religion fordern, daß die Menschen unseres Volkes ihr Leben und ihre Aktivitäten anpassen an unsere natürliche Umgebung; so daß die Menschen und die Natur gemeinsam und gegenseitig das Leben unterstützen, das ihnen beiden gemeinsam ist.

Die Idee, daß der Mensch sich die Natur untertan machen muß und ihre Wege nach seinen Zwecken zurechtbiegen muß, ist für unsere Menschen abstoßend.

(Aus einem Memorandum der Taos-Pueblo-Indianer vom 4. 5. 1968)

Alte Frau

Alte Frau auf dem Feld,
tief gebückt, unbewegt,
still.
Welche Gedanken leben
hinter diesen traurigen schwarzen Augen?
Wie nahe du der Erde bist,
wie tief du dich gebückt hast!
In den Schatten, die länger werden,
scheinst du ein Stein zu sein
am kahlen Horizont.
Und die strahlende Sonne deiner Jugend
ist langsam hinter dir untergegangen.
Alte Frau,
ich weiß, wer du bist.
Ich weiß,
dieses karge unfruchtbare Land,
auf dem ich stehe,
war einst ein Wald.
Und du,
alte Frau,
hattest Leben und Schönheit,
Kraft und Leidenschaft,
Liebe und Überfluß,
Freiheit und die Nähe der Götter.
Birken riefen dir zu:
„Nimm meine Rinde,
so daß du schläfst in meinen Armen."
Und die großen Tiere der Wälder

liehen dir ihr Fell
und sagten:
„Laß meine Wärme deine Wärme sein,
mach dir ein Kissen für den Kopf."
Und Vögel schwebten herab
und legten dir ihre schönsten Federn zu Füßen
und baten dich,
sie zu tragen.
Denn du warst ihr Kind,
ihr goldbraunes Kind,
das ihnen Loblieder sang
und ihre Tänze tanzte.

Welche Gedanken hast du,
welches ist dein letztes Wort,
bevor du deine Seele
der Ewigkeit anvertraust?

(Duke Redbird, Ojibwa)

Großes Geheimnis,
dessen Stimme ich in den Winden vernehme,
dessen Atem der Welt Leben gibt,
höre mich!

Ich komme zu dir als eines deiner vielen Kinder.
Ich brauche deine Kraft und deine Weisheit,
    gib, daß ich in Schönheit wandle;
    gib, daß meine Augen immer den purpurnen
        Sonnenuntergang schauen;
    gib, daß meine Hände die Dinge achten, die
        du gemacht hast, und
    gib, daß meine Ohren deine Stimme ver-
        nehmen.

Laß mich weise sein,
    so daß ich die Dinge erkenne,
    die du mein Volk gelehrt hast,
    die Lehren,
    die du in jedem Blatt und jedem Stein verbor-
    gen hast.

Laß mich stark sein,
    nicht um stärker zu sein als meine Brüder,
    sondern um Stärke für mich selbst zu haben.

Laß mich immer bereit sein,
    dir in die Augen schauen,
    so daß,
    wenn das Leben vergeht
    so wie der verblassende Sonnenuntergang,
    meine Seele zu dir kommt
    ohne Beschämung.

Dieses Gebet wurde, mit geringen Unterschieden in der Wortwahl, bei vielen Stämmen Nordamerikas gesprochen – lange, bevor der Weiße Mann kam.

(Chief Dan George)

Segensspruch

Möge das Große Geheimnis
dir seine auserwählten Gaben senden.
Mögen Vater Sonne und Mutter Mond
ihre mildesten Strahlen
über dich ergießen.
Mögen die vier Winde des Himmels
sanft über dich dahinwehen
und über die,
mit denen du dein Herz
und dein Haus teilst.

(Den Coahuila zugeschrieben)

Segen

> geht aus von Dingen,
> die am richtigen Ort sind,
> wie es bei der Schöpfung bestimmt wurde.

Segen

> ist gleichbleibend mit richtiger Ordnung.
> Es gibt einen Ort für jedes Seiende,
> und dieser Ort ist gesegnet,
> weil er so in heiliger Vorzeit
> festgelegt wurde.

(Sam D. Gill über eine Navajo-Zeremonie)

Die weisen alten Männer gehörten zu jeder Ratsversammlung, doch hielten sie, im Unterschied zu den Kriegern und den Häuptlingen, meistens keine langen Reden.

Ihre Kraft spürte man im Gebet; und der Segen, den sie erteilten, war immer wirkungsvoll.

Sie segneten die Großzügigen und diejenigen, die eine Festlichkeit ausrichteten, indem sie sagten: „Eines Tages, mein Enkel, wirst du auch diese weiße Kappe tragen" (sie meinten damit das weiße Haar auf ihrem Kopf) und „Du wirst dieses mein Wildlederhemd tragen" (damit meinten sie die runzlige Haut ihres Körpers).

Dieser Segen bedeutete auch soviel wie eine Prophezeiung, daß nämlich der kluge und nachdenkli-

che junge Mann Weisheit und ein langes Leben erreichen werde.

Ein Sprichwort der Lakota sagt: „Der Mensch, der
viel gibt, wird ein langes Leben haben, während der
selbstsüchtige Mensch ein kurzes haben wird."
(Chief Standing Bear)

Gebet zum Licht im Osten

Wakan Tanka, der du Träume gibst,
erleuchte meinen Weg in diesem dunklen Gefäng-
    nis,
bring den stillen Frieden,
damit ich das Lied meines Inneren hören kann,
    das Wind-Lied,
damit ich den Schlag meines Herzens hören kann,
    den Schlag des Regens,
damit ich meinen Körper fühlen kann,
    der eins ist mit der Erde,
und das warme Feuer in meinem Blut.

So bin ich in meinem Haus,
und meine Heimat ist um mich herum.

Wakan Tanka, der du Träume gibst,
sprich in der Dunkelheit,
komm am Morgen!

(Robert C. White, im San-Francisco-Gefängnis)

Meine Art

Wenn es je meine Art war, Schmerzen zu bereiten,
wenn je meine Worte leer und hohl klangen,
wenn je ich weiches Fleisch berührte und meine
Hand war kalt,
wenn je mein Herz Lügen sprach und zu klopfen
aufhörte –

verzeiht mir

nicht wegen meiner menschlichen und eigennützigen
Schwäche,
nicht wegen meines Stolzes, der Unterhaltung
sucht,
nicht wegen meiner Haltung, die sich beugen mag,
nicht wegen meines Herzens, das vor langer Zeit
brach –

verzeiht mir

um des Sonnenscheins willen, der unsere Seelen
wärmte,
um des Duftes der Blumen willen, die wir pflück-
ten,
um des Mondlichtes willen, das auf unbewegten
Körpern glänzt,
um der tausend plätschernden Flüsse willen, die
wir überquerten.

(Duke Redbird, Ojibwa)

Abschied nehmen

Lied der Erde

Ich bin von der Erde.
Sie ist meine Mutter.
Sie gebar mich mit Stolz.
Sie zog mich auf mit Liebe.
Sie wiegte mich am Abend.
Sie schob den Wind herbei
        und ließ ihn singen.
Sie errichtete mir ein Haus
        aus harmonischen Farben.
Sie nährte mich
        mit den Früchten ihrer Felder.
Sie belohnte mich
        mit der Erinnerung an ihr Lächeln.
Sie bestrafte mich
        mit dem Dahinschwinden der Zeit.
Und am Ende,
        wenn ich mich danach sehne
        fortzugehen,
        wird sie mich umarmen
        für alle Ewigkeit

(Anna L. Walters, Pawnee-Otoe)

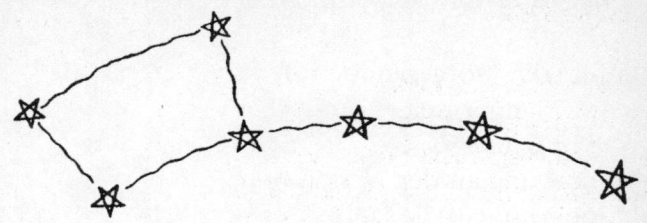

Lied der Sterne

Wir sind die Sterne, wir singen.
Wir singen mit unserem Licht.
Wir sind die Vögel aus Feuer.
Wir fliegen über den Himmel,
und unser Licht ist eine Stimme.
Wir bahnen einen Weg für die Seele
auf ihrer Reise durch den Tod.

(Passamaquoddy)

Als die Sonne zur Flußfrau kam

Stimme der Morgentaube ruft
        vor langer Zeit,
        vor langer Zeit
in Erinnerung an den Verlorenen,
in Erinnerung an die Liebe.

Aus der dichten grünen Ewigkeit
        der Frühlingszeit
rascheln Weiden
        im blauen Wind
zeitlos,
das Jahr unbekannt,
                ungenannt.

(Leslie M. Silko, Pueblo)

Alte Leute sagen, daß alle lebenden Dinge
miteinander verwandt sind.
Berühre die Erde und schmecke sie!
        Wir leben in einer geheimnisvollen Welt.

(Anonym)

Die alte Frau, die im Sterben lag in der ihr fremden Sterilität eines Krankenhauses auf der Rosebud-Reservation der Sioux-Indianer im Staate South Dakota im Sommer 1964, bat die Krankenschwester, die Vorhänge aufzuziehen, so daß sie die Berge, die Sonne und den Himmel sehen könne. Dann begann sie mit schwacher Stimme, die keine Furcht verriet, ihr Todeslied zu singen. Die Stimme klang zerbrechlich und undeutlich, aber die letzten Worte waren klar verständlich:

le makoce waste	Dieses Land ist schön.
wi kiN	O Sonne,
wana	jetzt
ehake	zum letzten Mal
waNmayakuwe	komm und grüße mich!

Das immer wiederkehrende Ereignis der Vollendung des Lebenszyklus durch den Tod im hohen Alter ist Teil einer allumfassenden Umwelt von Schönheit, Ausgewogenheit, Glück und Segen.

(Sam D. Gill)

Belohnung und Bestrafung
nach dem Tod

Selten konnten Indianer die Vorstellung von einer
Belohnung oder einer Bestrafung nach dem Tod ak-
zeptieren, obwohl die frühen Missionare mit diesem
Konzept intensiv arbeiteten, um die Seelen der armen
Heiden biegsamer zu machen. Die meisten Indianer
verachteten die Vorstellungen einer Hölle und hielten sie für ausgesprochen barbarisch ... wie ein Ein-
geborener von Acoma es formulierte: „Der christliche
Gott ist den Menschen nicht besonders wohlgeson-
nen, denn er bestraft einige von ihnen nach dem
Tode; das tut keine unserer Gottheiten ...“

Insgesamt kann man sagen, daß der christliche Glaube nur selten den tiefsten Kern im religiösen Leben
der Eingeborenen erreicht hat – und das trotz inten-
siver missionarischer Arbeit ... Immer, wenn Indianer
Gelegenheit hatten, tiefere Einsicht in christliche Lehren zu gewinnen und zugleich die Weißen in ihrer Le-
benspraxis zu beobachten, dann wurde ihnen die
schmerzhafte Diskrepanz zwischen Theorie und Praxis immer sehr schnell bewußt. Deshalb schlossen
sich Indianer selbst ab gegenüber den Einflüssen einer Zivilisation, die Verrat, Ausbeutung und Grau-
samkeiten ohne Ende tolerierte oder sogar förderte
...

Die Anrufe und die Signale, auf welche Indianer
antworten, kommen immer noch von tief unten; aus

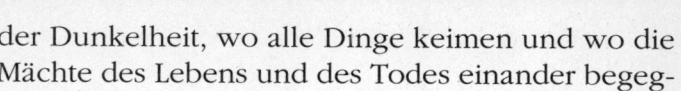

der Dunkelheit, wo alle Dinge keimen und wo die Mächte des Lebens und des Todes einander begegnen.

(Margot Astrov)

Du, dort oben,
wenn es dort jemanden gibt,
	der weiß, was hier vorgeht:
Vergelte mir heute das Leid,
	das ich erduldet habe.

Der Eine,
	der alles verursacht,
wer er auch sein mag:
Ich habe jetzt genug vom Leben.
	Vergönne mir den Tod.

Mein Kummer ist übermächtig.

Obwohl Kinder furchtsam sind,
so sterben sie doch grausame Tode, sagt man.
Obwohl Frauen furchtsam sind,
so läßt du sie doch grausame Tode sterben.

Ich möchte nicht lange leben;
	wenn ich lange leben müßte,
so würde mein Kummer übermächtig sein;
	ich möchte das nicht.

(Crazy-Dog-Wishing-To-Die)

O Wakan Tanka, Großer Geist

ich erhebe meine Hände zu dir.
Heute bist du nahe bei uns ...
An diesem geweihten Tag
> haben wir alles,
> was heilig ist im Universum,
> zu einem Ganzen vereinigt.

An diesem Tag
> ist eine wahre Verwandtschaft
> begründet worden.

An diesem Tag
> ist ein großer Friede
> gemacht worden.

O Vater, Wakan Tanka.

Dein Wille, den du uns gelehrt hast,
> ist geschehen hier auf dieser Erde.

Mögen dieser Friede
> und diese Verwandtschaft
> immerwährend sein.

Mögen kein Mensch
> und keine Umstände
> sie jemals zerstören.

Es wird jetzt vollendet;
> Friede wird sein,
> und diese Völkerschaften
> werden zusammen den einen Pfad wandeln,
> welcher der heilige ist.

(Matoboshila, Ree-Indianer)

Der Weiße Mann spricht von einem himmlischen Vater.

Wir sagen Tirawa Atius, der Vater droben.

Doch wir stellen uns Tirawa nicht als Person vor.

Wir denken an Tirawa als enthalten in allen Dingen; als die Energie, die dem Menschen alles, was er nötig hat, von oben zugeteilt hat.

Was diese Kraft – Tirawa Atius – ist, weiß niemand.

Denn niemand ist dort gewesen.

(Pawnee)

Ah, ah, ah!

Was ist der Grund,
    mein Kind,
daß du mir dieses getan hast?
Ich habe mich so bemüht,
    gut zu dir zu sein,
    als du zu mir kamst,
    um mich zu deiner Mutter zu nehmen.
Sieh dir all dein Spielzeug an!
Was ist der Grund,
    daß du mich verläßt,
    mein Kind?
Ist es, daß ich dir etwas angetan habe,
    mein Kind;
So wie ich zu dir war,
    mein Kind?J
Ich will es nächstes Mal besser machen,
    wenn du zu mir zurückkommst,
    mein Kind.
Bitte, werde nur sofort gesund
    an dem Ort,
    wohin du jetzt gehst.
Sobald du gesund bist,
    bitte, komm zu mir zurück,
    mein Kind.
Bitte, bleibe nicht dort.
Bitte, habe Mitleid mit mir,
    die deine Mutter ist,
    mein Kind.

(Gebet einer Kwakiutl-Mutter für ihr totes Kind)

Wenn ich das letzte Lied singe

Laß es schön sein,
Wenn ich das letzte Lied singe.
Laß es Tag sein,
Wenn ich das letzte Lied singe.

Ich möchte auf meinen beiden Füßen stehen,
Wenn ich das letzte Lied singe.

Ich möchte mit meinen Augen hochblicken,
Wenn ich das letzte Lied singe.

Ich möchte,
Daß die Winde meinen Körper umschließen,
Wenn ich das letzte Lied singe.

Ich möchte,
Daß die Sonne auf meinen Körper scheint,
Wenn ich das letzte Lied singe.

Laß es schön sein,
Wenn ich das letzte Lied singe.
Laß es Tag sein,
Wenn ich das letzte Lied singe.

(Indianisches Sterbelied)

Lullaby	Wiegenlied - als Sterbelied

The earth is your mother,
    she holds you.
The sky is your father,
    he protects you.

Sleep,
sleep.

Rainbow is your sister,

    she loves you.
The winds are your bro-
thers,
    they sing to you.

Sleep,
sleep.

We are together always,
We are together always.
There never was a time,
when this
was not so.

Die Erde ist deine Mutter,
    sie umfängt dich.
Der Himmel ist dein Vater,
    er beschützt dich.

Schlafe,
schlafe.

Regenbogen ist deine
Schwester,
    sie liebt dich.
Die Winde sind deine Brü-
der,
    sie singen für dich.

Schlafe,
schlafe.

Wir sind immer zusammen.
Wir sind immer zusammen.
Es gab niemals eine Zeit,
als dieses
nicht so war.

In der Kurzgeschichte „Lullaby" der indianischen Autorin Leslie M. Silko („Storyteller", New York 1981, S. 43 ff.) wird dieses indianische Wiegenlied zu einem Sterbelied: Eine alte Navajo-Frau singt es für ihren Mann, als dieser in einer eiskalten Winternacht im Schnee einschläft – mit angezogenen Beinen und unempfindlich für die Kälte wegen des zuvor getrunkenen Weines.

So kehrt das Leben in einer Kreisbewegung zurück an seinen Anfang;

der Mensch nimmt die Körperhaltung ein, die er vor seiner Geburt im Mutterleib eingenommen hatte;

er kehrt dorthin zurück, woher er kam: zur Einheit mit Erde, Himmel, Regenbogen und Winden;

das Einschlafen wird zum Sterben – das Sterben zum Einschlafen;

wie bei der Geburt, so hat auch jetzt wieder die Frau die entscheidende Aufgabe zu übernehmen: Sie singt das Lied;

Wiegenlied und Sterbelied werden eins;

Anfang und Ende werden eins.

Geht jetzt nach Hause
ohne Besorgnis,
ohne Weinen,
ohne Trauer.

(Gebet der Tewa-Pueblo für die Befreiung der Seele)

Gedanken zum Thema

Religion und Gebet
in indianischen Kulturen Nordamerikas

Ihr versteht unsere Gebete nicht.
Ihr habt nie versucht, sie zu verstehen.
Wenn wir uns an den Mond,
an die Sonne
oder an die wilden Winde wenden,
habt ihr uns verurteilt, ohne uns zu verstehen;
nur weil sich unsere Gebete von den euren unterscheiden.
Doch wir leben in Harmonie mit den Mächten der
  Natur!

(Walking Buffalo, Stoney)

Die Texte indianischer Spiritualität in diesem Buch
machen dem europäischen Leser deutlich, daß Gebet
und Beten Begriffe sind, die bei Indianern in der Regel eine viel umfassendere Bedeutung haben als bei
uns.

Während für uns Beten zumeist eine vom Tun des
Alltags getrennte Tätigkeit darstellt, ist nach traditio-
nellem indianischem Verständnis Beten selbstver-
ständlicher Teil des alltäglichen Lebens. Indianer, bei
denen die überkommenen Werte und Leitbilder noch
lebendig sind, verstehen alles Tun und Lassen, eben
das Leben selbst, als Gebet.

In dieser Feststellung wird zugleich deutlich, daß

Beten für Indianer nicht in erster Linie eine Angelegenheit des Kopfes, also ein Akt rationaler Ansprache und intellektueller Zustimmung zu einer göttlichen, allmächtigen Person ist. Beten erfordert vielmehr eine Beteiligung aller Kräfte der menschlichen Persönlichkeit; es bedeutet unmittelbare religiöse Erfahrung und Vision; es bedeutet Singen und Tanzen; es bedeutet Bewegung und Musik; es bedeutet Tradieren von Mythen und Herstellen heiliger Gegenstände – es bedeutet „jene Totalität der Erfahrung, aus der Naturvölker leben" (Harry W. Paige).

Zugleich wird hier das andere Welt- und Gottesverständnis von Indianern sichtbar: In der Regel wohnt der Gott, zu dem sie hier sprechen, nicht im Jenseits – und diese irdische Welt mit dem Tun und Treiben der Menschen ist für sie nicht eine entmythisierte, entgöttlichte Welt. Der Ort Gottes ist vielmehr in dieser Welt. Der dem Glauben seiner Vorfahren anhängende Indianer weiß sich in dieser Welt in jedem Augenblick von heiligen Kräften, von göttlichem Geist umgeben. Das Heilige und Göttliche liegt nicht jenseits der Dinge, sondern ist die in den Dingen wirksame und erfahrbare unsichtbare Kraft, Energie und Spiritualität. (Diese Begriffe sind etwa äquivalent mit dem, was das griechische Neue Testament ,pneuma' nennt und was die Anthropologen ,mana' nennen.)

Einem dualistischen Welt- und Gottesverständnis des Abendlandes steht hier ein im Kern ganzheitliches, universalistisches Welt- und Gottesverständnis von Indianern gegenüber. Das geht so weit, daß viele indianische Sprachen kein eigenes Wort für ‚Religion' haben. „Meine Navajo-Freunde würden wahrscheinlich sagen, daß es in ihrem Leben nichts gibt, was als nicht-religiös bezeichnet werden kann. Für sie hat nahezu alles, was irgend jemand tun kann, eine religiöse Bedeutung" (Barre Toelken, amerikanischer Ethnologe).

Ähnlich drückten es Vertreter des Irokesen-Bundes 1976 aus: „Unsere Kultur hat uns gelehrt, daß alle Dinge heilig sind und daß jedes eine Bestimmung hat, die nicht verletzt werden darf."

„In der weißen Gesellschaft kann man mit mehr Recht von Religion als einem getrennten Teil des Lebens sprechen als bei den Navajo (und anderen Indianern). Die weiße Welt ist jetzt vor allem eine säkularisierte Welt. Wie Geistliche sich so oft beklagen, stellen weiße Menschen „die Religion an und ab". Sie gehen vielleicht sonntags und bei einigen anderen Gelegenheiten zur Kirche. Geburt, Hochzeiten und Tod werden gewöhnlich durch religiöse Feiern gestaltet; aber die meisten Weißen haben nicht das Gefühl, daß die Religion mit weiten Teilen des alltäglichen Lebens irgend etwas zu tun hat.

Bei den Navajo (und anderen Indianern) ist es ganz anders. Ihre Welt ist noch ein Ganzes. Jedes Tun des Alltags ist gefärbt von ihren Vorstellungen übernatürlicher Kräfte, die immer gegenwärtig sind und auch immer eine Bedrohung darstellen.

In einem anderen Sinne tut allerdings der Ausdruck ‚Navajo-Religion' der Auffassung dieser Menschen Gewalt an. In ihrer Sprache gibt es kein Wort und keine Wendung, die man mit ‚Religion' übersetzen könnte. Das heißt nicht, daß sie nicht ihre religiösen Kategorien haben ... Gerade deshalb, weil die Navajo-Welt noch ein Ganzes ist, dürfen wir gar nicht erwarten, daß wir darin irgendeine getrennte Einheit finden, die mit dem Wort ‚Religion' bezeichnet werden kann" (Kluckhohn/Leighton: The Navajo; Cambridge 1951, S. 122).

Diese Äußerungen legen zugleich nahe, daß es bei traditionell eingestellten Indianern kaum etwas gibt, was man im eigentlichen Sinne als ‚profan' bezeichnen könnte. Das ganze Universum ist heilig. „Das Übernatürliche ist eine Ausweitung des Natürlichen, das Unsichtbare eine Ausweitung des Sichtbaren" (Harry W. Paige).

Nur so ist es zu verstehen, daß der Erde, der Sonne und dem ganzen Kosmos eine so außerordentliche Bedeutung in diesen Texten zukommt. Manches Gebet, das an die Erde oder andere kosmische Kräfte gerichtet ist, mag europäische Leser zunächst befremden. Allzu selbstverständlich ist uns die Vorstellung, daß Gott über alles Irdische, den Kosmos eingeschlossen, unendlich erhaben ist und daß wir seiner Größe nicht gerecht werden, wenn wir ihn hier in unserer Welt suchen.

Viele der hier gesammelten Texte und Gebete zeigen, daß Indianer offensichtlich anders empfinden.

Ihre Idee des Vollkommenen beinhaltet weniger eine möglichst umfassende Trennung und Loslösung von irdischer Begrenztheit als vielmehr die Vorstellung eines Gleichgewichts, einer ausgewogenen Balance zwischen den spirituellen und materiellen Kräften dieser Welt. Wo dieses Gleichgewicht erreicht ist, da ist Friede, Schönheit, Gesundheit, Harmonie und Vollkommenheit, Heiligkeit. Da ist – in der Sprache der Navajo – hózhó.

Darum wird in diesen indianischen Texten auch immer wieder die Heiligkeit dieser Welt, die Schönheit dieser Erde, die Harmonie dieses Universums angesprochen, beschworen und gefeiert. Achtung und Ehrfurcht nicht nur gegenüber Gott und Mensch, sondern gegenüber allem, was man sehen, hören und berühren, was man genießen und erleiden kann, spricht aus vielen Gebeten.

„Aus dieser Sichtweise kam ihr Schlüsselbegriff: Ehrfurcht. Ehrfurcht vor dem Kind, vor der Mutter, vor der Heimat, vor dem Clan; Ehrfurcht vor allen Menschen; Ehrfurcht vor Tieren und Pflanzen; Ehrfurcht vor dem Wetter, vor der Sonne, vor dem Mond, vor den Sternen; Ehrfurcht vor Mutter Erde; und vor allem Ehrfurcht vor der großen geistigen Kraft, die hinter allem steht und die das Leben möglich und lohnend macht: Ehrfurcht vor allem, was ist" (S. M. Morey).

Ein solches Weltbild, welches das Gottesbild gewissermaßen einschließt – also eine Auffassung, die Welt und Gott in eins verwoben sieht –, wird stets pantheistischen Vorstellungen nahestehen. „Diese Welt und die Welt der Geistwesen: Jede ist die Transformation der anderen" (Alfonso Ortiz, Pueblo).

Bei den zahlreichen indianischen Religionen in Nordamerika und über die Jahrhunderte hin, die wir überblicken können, finden wir allerdings die ganze Breite möglicher Gottesvorstellungen repräsentiert: von der totalen pantheistischen Ineinssetzung von Gott und Welt bis hin zum Konzept eines persönlichen, transzendenten Gottes. – Nur eines finden wir nicht: atheistische Einstellungen. Es ist offensichtlich, daß der Atheismus, die Leugnung Gottes, in dieser Kultur keine Chance hatte.

In der Urfassung der Rede des Häuptlings Seattle lesen wir: „Eure Religion wurde von dem ehernen Finger eines erzürnten Gottes auf Steintafeln geschrieben, damit ihr sie nicht vergeßt. Der Rote Mann konnte das niemals begreifen und auch nicht behalten.

Unsere Religion besteht in den Traditionen unserer Vorfahren, den Träumen unserer alten Männer, die ihnen vom Großen Geist eingegeben wurden, und in den Visionen unserer Weisen – und sie steht geschrieben in den Herzen unseres Volkes" (aus: Rudolf Kaiser, Die Erde ist uns heilig; Freiburg 1992, S. 78).

In den Jahrhunderten nach der Entdeckung Amerikas durch Europäer wurden die meisten Indianer einer christlichen Missionierung unterworfen. Dabei ging natürlich viel traditionelles Glaubensgut verloren. Anderes wurde mit christlichen Glaubenselementen verbunden – und so das Konzept eines transzendenten Gottes zweifellos verstärkt. Trotzdem blieben ganzheitliche – holistische – pantheistische Vorstellungen gegenwärtig, vielleicht sogar vorherrschend; ohne daß diese begrifflich genau geschieden worden wären von der Idee eines persönlichen Gottes. Religion ist für Indianer eben vor allem Glauben und Handeln, Beten und Leben angesichts eines überwältigenden, geheimnisvollen und beseelten Kosmos – nicht rationales Argumentieren und begriffliches Fixieren.

So finden wir heute unter den Indianern Nordamerikas ein sehr variables Bild: von gläubigen Christen – obwohl bisher nur wenige Indianer zum Priester geweiht oder als Pastor ordiniert worden sind – über alle möglichen Mischformen zwischen indianischen und christlichen Glaubenselementen bis hin zu den sich in ihrer Mehrzahl als gläubige Anhänger traditioneller religiöser Überzeugungen ihres Stammes bekennenden Hopi-Indianern in Arizona.

Dabei haben es die Pueblo-Indianer fertiggebracht, sowohl traditionell-indianisches als auch christliches Glaubensgut zu ‚vertreten‘, ohne in den meisten Fällen beides miteinander zu verbinden. Sie sind seit dreihundert Jahren christianisiert; in jedem Pueblo steht eine Kirche; und christliche Festtage werden mit Gottesdiensten und Tänzen gefeiert. Zugleich aber gehören diese Pueblos zu denjenigen indianischen

Nationen, die ursprüngliche indianische Überzeugungen und Riten am überzeugendsten intakt bewahrt haben.

Deshalb existiert neben dem christlichen auch ein indianischer Festkalender mit traditionellen Maskentänzen und Riten, die zum Teil auf den Straßen des Dorfes, zum Teil in den Zeremonialräumen der Pueblos, den Kivas, abgehalten werden. Zu diesen Feiern aber ist in den meisten Pueblos den Weißen der Zugang absolut verboten. Das ganze Dorf wird an solchen Tagen für Weiße gesperrt. Auch nicht der weiße Ehepartner eines indianischen Einwohners oder der katholische Priester des Ortes werden zugelassen.

Da früher diese Zeremonien von den Missionaren und den weißen Vertretern des Staates verboten wurden, sind Indianer damals mit ihnen sozusagen in den Untergrund gegangen. Und heute bleiben sie im Untergrund und schließen nun ihrerseits die Weißen aus, obwohl sie längst ohne Gefahr ihre traditionellen Riten öffentlich feiern könnten.

Solch eine trennende – oder auch verbindende – Übernahme unterschiedlicher religiöser Elemente ist für Indianer allerdings nicht sehr ungewöhnlich, weil indianische Religiosität praktisch nie exklusiv und ausschließend war. So verschieden die Mythen, Zeremonien und Glaubensüberzeugungen indianischer Kulturen manchmal waren, so erhob doch keine dieser Gruppen den Anspruch, daß ihre Überzeugung

einen höheren Wahrheitsanspruch habe als die ihrer Nachbarn und deshalb auch für diese gelten müsse.

Die unterschiedlichen Glaubensinhalte und Riten galten vielmehr als unterschiedliche Wege eigenen Rechts zum gleichen Ziel, dem Großen Geheimnis, dem umfassenden Urgrund des Seins, der letzten Bestimmung des Menschen. Es erschien ihnen sogar sinnvoll, auf unterschiedlichen Wegen zu gehen – je nach den kulturellen und sozialen, nach den regionalen und historischen Bedingungen eines Volkes. Bezeichnungen wie ‚Aberglaube' oder ‚Unglaube', Begriffe wie ‚Häretiker', ‚Ungläubige' oder ‚Ketzer' sind nicht indianischen Ursprungs. Religionskriege, wie sie die europäische Geschichte durchziehen, sind im vor-europäischen Nordamerika nahezu undenkbar.

Diese indianische Auffassung von Religion spiegelt sich in folgendem Bericht eines Pueblo-Indianers aus Acoma, der zwischen seinem traditionellen und dem christlichen Glauben schwankte. Er erzählte einem weißen Forscher von einem Traum, den er in dieser Situation hatte:

Er träumte, daß er gestorben und zum Himmel gekommen sei. Er fand sich selbst vor Gott stehend, konnte sich aber nicht mehr genau erinnern, wie Gott aussah. Er schien jedoch in seinem Äußeren und in seiner Kleidung einem amerikanischen Geschäftsmann zu ähneln. Gott war in einem Raum, der wie ein Büro aussah, und saß hinter einem Tisch, wie in

einer Bank. Gott fragte ihn: „Wo ist deine Lizenz?" –
was bedeuten sollte, wo das Zeichen sei, daß er ein
Recht habe, in den Himmel einzutreten. Der Indianer
hatte eine Bibel bei sich und zeigte sie vor. Gott sagte: „Nein, das ist nicht dein Berechtigungsschein."
Und Gott zeigte dem Mann einen (indianischen) Gebetsstab und sagte, daß die Bibel der Berechtigungsschein des weißen Mannes sei, der Gebetsstab aber
der Berechtigungsschein des Indianers.

Bei der großen Hochschätzung, die Indianer Träumen zukommen lassen, war es nach diesem Traum
für diesen Acoma-Indianer klar, daß für ihn die traditionelle Religion die richtige war.

Wenn heute auch viele der ursprünglichen indianischen Religionen verschwunden sind und andere ein
eher kümmerliches Dasein fristen, so zeigen die spirituellen Texte dieses Buches doch, daß manche ihrer Anschauungen und Auffassungen fortleben.

„Viele der alten heiligen Traditionen indianischer
Stämme sind heute noch lebendige Wirklichkeit. Sie
stellen weiterhin lebensfähige Systeme des Glaubens,
Wertens und Lebens dar und geben so dem mensch-
lichen Leben Sinn, Würde und Ganzheit" (Joseph
Epes Brown).

Zahlreiche Texte lassen auch die besondere Bedeutung erkennen, die den Zeremonien, Riten und
Tänzen in indianischen Religionen zukommen. Solche heiligen Handlungen sind gewissermaßen dra-
matisierte Gebete; zugleich haben viele Gebete in

solchen Zeremonien ihren Ursprung. Die Anlässe für sie sind sehr unterschiedlich. Auf der einen Seite wird der Zeremonialkalender eines Volkes von den im Jahreszyklus wiederkehrenden Ereignissen bestimmt: der Wintersonnenwende, der Aussaat, dem Wachstum, der Ernte der Feldfrüchte etc. Auf der anderen Seite sind Einzelgeschehnisse Anlässe für religiöse Zeremonien: die Krankheit eines Stammesmitglieds, die Pubertät eines jungen Mädchens, eine gefährliche Dürre, eine geplante Jagd.

In diesen religiösen Ritualen, die oft mit Maskentänzen verbunden sind und glücklicherweise noch nicht gänzlich zu touristischen Attraktionen und folkloristischen Ereignissen verkommen sind, lebt ursprüngliche indianische Religiosität fort. Natürlich sind im Verlaufe der letzten Jahrhunderte auch viele Rituale verlorengegangen, meistens zugleich mit dem Verlust der Stammes- oder Clangemeinschaft. Selbst bei den Hopi in Arizona, die wahrscheinlich noch die geschlossenste Sozialstruktur aller Stämme Nordamerikas besitzen, wird der Schlangentanz, der ein dramatisiertes Gebet um Regen, Fruchtbarkeit und kosmische Harmonie darstellt, heute nur noch in zwei Dörfern als heiliges Ritual gefeiert. Bei anderen Stämmen Nordamerikas findet er überhaupt nicht mehr statt.

Die Beschäftigung mit religiösen Zeremonien kann helfen, das Lebensgefühl und die Wertstrukturen indianischer Menschen zu verstehen. In diesen Zeremonien wird die Beziehung dieser Menschen zum

Göttlichen in gemeinsamen symbolischen Handlungen sichtbar. Die Beziehung zum Göttlichen umfaßt dabei aber zugleich die Beziehung zum Mitmenschen und die zum Kosmos, also auch zur Erde.

Denn zum einen finden diese Zeremonien und Tänze nur als gemeinschaftliches, miteinander vollzogenes Tun statt; und bei manchen Tänzen geht der Leiter der Zeremonie (oder der ‚Priester‘) immer wieder um die Gruppe der Tänzer herum und fordert sie auf, die Reihen ganz eng zu schließen, um so das Bewußtsein der Gemeinschaft und des gemeinsamen identischen Tuns zu verstärken.

Zum anderen werden zahlreiche Tänze mit nackten Füßen getanzt, um die Nähe der Erde in jedem Augenblick physisch zu erleben, um die Kraft der Erde zu spüren und mit den Füßen die Gebete in die Erde hineinzustampfen. Dabei vollziehen die Arme Bewegungen von unten nach oben und von oben nach unten – und symbolisieren so das Wachstum der Pflanzen zum Licht und das Herabströmen des ersehnten Regens von oben.

Die Andacht der Tänzer, die Kraft ihrer Bewegungen und die Intensität ihres Tuns üben dabei auf den Zuschauer einen ungeheuren Eindruck aus. Manchmal gewinnt auch der aufgeklärte weiße Besucher ein Verständnis für das Ziel und die Absicht dieses Tuns: nämlich durch gemeinsame intensive Energieausstrahlung die kosmischen Kräfte, denen sich diese Menschen im Sinne der Ganzheit und der kosmischen Interrelation unmittelbar verbunden wissen,

zum Wohle des eigenen Volkes und der ganzen Menschheit zu beeinflussen.

Tanz in diesem Sinne ist offensichtlich eine eminent religiöse, soziale, individuelle und kosmische Erfahrung. Er repräsentiert die Vereinigung von Individuum und Gemeinschaft, von Erde und Himmel, die Vereinigung aller Bereiche des Lebens. Zusammen mit dem charakteristischen Singen und der elementaren Musik – vor allem der dumpfen Trommel, deren gleichmäßiger Rhythmus den Herzschlag der Erde symbolisiert – sind diese dramatisierten Gebete eine Form übernatürlicher Kommunikation zwischen Mensch und Gott; zwischen Mensch und Welt; zwischen Mensch und Mensch sowie zwischen dem Menschen und seinem Selbst. Sie sind damit eine Form der Überwindung von Gegensätzen und eine Bewegung in Richtung auf Ganzheit, Universalität, Einssein, Harmonie hin.

Eine Indianerin aus dem Pueblo Santa Clara drückte ihre eigenen Erfahrungen bei solchen Tänzen folgendermaßen aus:

„When I dance I am centered, I am whole, I am safe. – Wenn ich tanze, dann finde ich meine Mitte, dann bin ich ganz, dann bin ich geborgen" (Nora Naranjo-Morse).

Religiöse Rituale und Zeremonien (zwischen denen hier aus Gründen der Einfachheit nicht unterschieden wird) basieren auf Mythen, welche wiederum ihren Ursprung häufig in Visionen einzelner

Stammesmitglieder haben. In den Mythen werden Geschehnisse aus heiliger Vorzeit berichtet; und in den Zeremonien wird dieses Geschehen nachvollzogen, um so die übernatürlichen Kräfte und die heilsame Wirkung dieser ursprünglichen Vorgänge neu, lebendig und wirksam werden zu lassen. Im strengen Verständnis feiert eine Zeremonie das mythische Geschehen aber nicht nur erinnernd nach; sie vergegenwärtigt es vielmehr realiter – Ähnliches kennen wir aus dem christlichen Raum – und läßt dadurch die ursprüngliche Ordnung und den ursprünglichen Segen wieder gegenwärtig sein. So bedeutet Zeremonie letztlich die Wiederherstellung der göttlich begründeten Ganzheit und Heiligkeit vom Anfang der Welt.

Natürlich gibt es besonders viele Mythen bei Indianern, die die Schöpfung der Welt und des eigenen Volkes zum Thema haben. Nahezu jedes Volk hat seinen eigenen Schöpfungsmythos.

Deshalb wurde ein solcher Mythos von der Erschaffung der Welt in dieses Buch aufgenommen; es ist der Schöpfungsmythos der Irokesen. Er ähnelt in mancher Beziehung dem biblischen Schöpfungsmythos. Er läßt aber auch einige Charakteristika erkennen, die sich in verschiedenen Formen zwar auch in anderen indianischen Schöpfungsmythen finden, nicht jedoch im biblischen Schöpfungsmythos:

Es gibt in indianischen Mythen in der Regel keine Schöpfung aus dem Nichts. Es ist immer schon etwas

da, das dem Schöpfer bei der Erschaffung der Welt behilflich ist. Oft sind es Tiere, die nach verbreiteter indianischer Auffassung ohnehin in mythischer Vorzeit mächtig waren und mit denen der Mensch sprechen konnte. Der Unterschied zum allmächtigen und personalen Gott der Bibel, der alles aus dem Nichts erschafft, ist deutlich. Der Abschluß des hier wiedergegebenen Mythos, in dem vom Kampf des Guten gegen das Böse die Rede ist, kommt uns vertraut vor. Er erinnert an die Erzählung von Kain und Abel. Doch im indianischen Mythos bleibt der Gute siegreich.

Der wichtigste Unterschied zwischen indianischen und biblischen Glaubensüberzeugungen besteht wahrscheinlich nicht darin, ob man an einen oder an mehrere Götter glaubt, also im Gegensatz zwischen Monotheismus und Polytheismus; denn auch indianische Religionen sind wiederholt zu einem Ein-Gott-Glauben gelangt – und andererseits gibt es ja in der Volksfrömmigkeit christlicher Kirchen durchaus zahlreiche Elemente des Polytheismus.

Der wichtigste Unterschied ist wahrscheinlich, ob der geglaubte Gott grundsätzlich ein jenseitiger oder ob er ein universal ‚all'-seitiger Gott ist; ob also die Welt selbst als entgöttlicht, ent-mythisiert, entspiritualisiert gesehen wird und als Schöpfung eines grundsätzlich außer ihr existierenden Gottes – oder ob der Kosmos selbst als göttlich, als Haus Gottes verstanden wird.

Der wichtigste Unterschied dürfte also sein, ob eine dualistische oder eine universalistisch-holistische Auffassung von Gott und Welt vorherrscht. Der Dualismus unterscheidet deutlich zwischen Gott und Welt, zwischen Heiligem und Profanem, zwischen Geist und Materie. Für den Universalismus (oder Holismus) ist dagegen alles Seiende heilig, da alles durchwirkt ist von der großen und geheimnisvollen göttlichen Kraft, der allumfassenden spirituellen Ur-Energie.

Und diese webt und wohnt nicht nur in allem Seienden, sondern verbindet zugleich auch alles Seiende miteinander und schließt es zu einer Ganzheit zusammen. Daher der Begriff Holismus = Ganzheitlichkeit.

Damit hängt es zusammen, daß Vorstellungen von Hölle, von ewiger Verdammnis und auch der Gedanke der Erbsünde – Konzepte, die alle eine dualistische Grundeinstellung voraussetzen – Indianern durchweg fremd blieben und kaum in ihre Weltanschauungen zu integrieren waren. „Indianer hatten niemals gedacht, daß die Menschheit von Natur aus sündhaft sei und der Erlösung bedürfe. Für sie ... war die ganze Natur gut, und der Mensch war Teil der Natur" (Ruth M. Underhill).

Diese ‚holistische‘, vereinende Tendenz indianischen Denkens und Lebens bedeutet nicht, daß Indianer Dualitäten in der Welt nicht sehen oder anerkennen. Etliche ihrer Kulturen stellen kosmische Gegensätze deutlich heraus: Tag – Nacht, Winter – Sommer, männlich – weiblich, körperlich – geistig, sichtbar – unsichtbar u. a. m. Doch diese Dualitäten werden im Sinne ihres Zusammengehörens gedeutet, nicht im Sinne ihrer Gegensätzlichkeit; sie sind komplementär, nicht antagonistisch.

Harmonie besteht gerade in der ausgewogenen Balance zwischen den Dualitäten, nicht in der Überwindung des einen (z. B. des Körperlichen) zugunsten des anderen (z. B. des Geistigen). Für diese Harmonie steht der oben genannte Navajo-Begriff ‚hózhó'. Etwa den gleichen Bedeutungsumfang hat auch das griechische Wort ‚kosmos'. Harmonie in diesem Verständnis ist keine Idylle, sondern ein umfassendes Deutungs- und Handlungsmuster des Menschen.

Damit ist auch gesagt, daß es bei dieser Reflexion um die Ebene der Theorie und der Zielsetzung geht, nicht in jedem Falle um die der Praxis. Natürlich bestimmen in der Wirklichkeit indianischen Lebens manchmal Gegensätze das Feld. Doch darum sind diese fundamentalen Deutungsschemata und kulturellen Grundmuster, die sich in dem Navajo-Begriff ‚hózhó' bündeln, keineswegs unwichtig für die Beurteilung indianischen Weltverständnisses. (Die biblischen Zehn Gebote sind für die Beurteilung unserer Kultur ja auch nicht deshalb unwichtig, weil wir so oft anders handeln.)

So ist die Grundlage dieses indianischen Weltbildes nicht die Tendenz, zu einem Äußersten, zu einem Absoluten zu gelangen; nicht der Versuch, etwas Letztes zu finden, das sich nicht mehr relativieren läßt;

nicht die Bereitschaft, die eine Seinsweise gegenüber der anderen zu verabsolutieren (also zum Beispiel zwischen absolutem und zufälligem [= kontingentem] Sein zu unterscheiden).

Ganz im Gegenteil: Das Letzte ist das Ganze, das Umfassende, die Einheit allen Seins. Und es ist das Ziel, dieses Umgreifende in der Ausgeglichenheit aller Teile in Balance zu wissen und zu erhalten. Vollkommenheit besteht nicht in der äußersten Steigerung eines (positiv verstandenen) Prinzips, sondern in der Ausgewogenheit, dem Ausgleich zwischen mehreren Prinzipien; zwischen den verschiedenen Strebungen, Kräften, Tugenden und Energien. – Aus dieser Perspektive betrachtet erscheinen unsere traditionellen abendländischen Denk- und Handlungsmuster immer wieder als ausgesprochen gewaltsam; als exzentrisch; als mangelhaft in bezug auf die Bewahrung von Balance, von Ausgewogenheit, von Angemessenheit, von Seinsgerechtigkeit.

Es wird deutlich, daß Begriffe und Haltungen, denen in unserer Kultur ein hoher Stellenwert zukommt (z. B. Aktivität, Dynamik, Ehrgeiz, Fortschritt, Wettstreit, Kampf, Entwicklung u. ä.) im traditionellen indianischen Weltbild keine große Rolle spielen. In der Tat scheint ein Leben nach diesen abendländischen Leitbildern und Zielsetzungen kaum geeignet, der Bewahrung der Ausgeglichenheit und Balance zu dienen. Eher wird ein solches Leben dazu neigen, jedes gewonnene Gleichgewicht durch Weiterstreben wie-

der in Spannung, also wieder in ein Ungleichgewicht, zu verwandeln.

Im traditionellen indianischen Denken dagegen ist Gleichgewicht das Ziel der individuellen, sozialen und kosmischen Bewegung, und jede Änderung des Gleichgewichts ist eine Störung, die rasch beseitigt werden muß.

In diesen Zusammenhang gehört auch der indianische Begriff von Krankheit. Wie Krieg, Streit oder Unfall, so ist auch Krankheit der Ausdruck einer Störung der universalen Harmonie; genauer: der Harmonie zwischen dem Leib des Menschen und seiner Seele; oder zwischen dem Menschen und denjenigen Wesen und Kräften, welche die kosmische Ordnung garantieren. Deshalb ist der Medizinmann nicht nur botanisch, anatomisch und pharmazeutisch, sondern auch religiös ausgebildet; besitzt als heiliger Mann (oder heilige Frau) eine besondere Beziehung zu den geistigen Wesenheiten.

Ein Navajo-Medizinmann besuchte im Krankenhaus einen Indianer, der sich bei einem Unfall einen Beinbruch zugezogen hatte, und nahm bei ihm eine Heilungszeremonie vor. Er erklärte das so: Für das gebrochene Bein sorgen die weißen Ärzte besser, als ich es könnte. Doch weshalb geschah der Unfall? Welche Störung der Harmonie im Patienten oder zwischen dem Patienten und der ihn tragenden Ordnung hat ihn verursacht? – Für die Klärung dieser Frage und die Beseitigung dieser Störung ist kein weißer

Arzt zuständig, sondern nur derjenige, der um diese Beziehungen weiß: der Medizinmann.

Das Prinzip des Gleichgewichts gilt natürlich auch ganz und gar für das Verhältnis zwischen Mensch und Welt. Ziel sind Ausgewogenheit und Harmonie zwischen Mensch und Welt, nicht die Herrschaft des Menschen über die Welt.

Aufgrund ihrer Überzeugung von der spirituellen und vernetzten Natur aller Dinge begegnen Indianer (im Idealfalle) den Phänomenen der Welt mit Achtung und Ehrfurcht. Umweltschädigungen oder Umweltzerstörung ist aus dieser Haltung heraus unwahrscheinlich – aber nicht deshalb, weil Indianer sich einer von ihnen getrennten Welt gegenüber verantwortlich wissen und Einsicht in die Begrenzung der natürlichen Ressourcen haben; sondern weil sie die Natur als spirituell erfahren und weil sie sich selbst tausendfältig in sie eingebunden, sich selbst als Teil des einen Ganzen verstehen. Nicht Umweltschutz ist indianisch, sondern etwas, was man vielleicht als ‚Weltfrömmigkeit' bezeichnen kann; nicht ‚Umwelt-Bewußtsein', sondern ‚Welt-Bewußtsein'.

Die in vielen indianischen Texten so auffallende Haltung der Dankbarkeit ist zwar auch immer wieder an Gott gerichtet, aber doch keineswegs ausschließlich. Auffallend ist vielmehr, wie immer wieder auch der Natur, den verschiedenen Kräften der Natur, den Wolken, der Sonne, der Erde, den Bäumen usw. Dank gesagt wird für das, was sie für den Menschen tun, um sein Leben zu ermöglichen.

Deshalb gilt sowohl für das Bitten wie für das Danken in indianischen Gebeten: Wenn man nach christlicher Vorstellung von einem vertikalen Dreieck sprechen könnte – in dem Bitten und Danken des Menschen zunächst an Gott gerichtet werden, auch wenn ihr Ziel die irdische Wirklichkeit ist –, dann könnte man bei Indianern von einem horizontalen Kreis sprechen. Bitten und Danken und jede Form der Kraftübertragung geschehen unmittelbar und direkt zwischen den spirituellen Wesenheiten des Seins, in die der Mensch eingebunden ist.

Bei allen Gebeten und sonstigen Texten in diesem Buch handelt es sich um Übersetzungen aus dem Englischen. Nun wissen wir, daß jede Übersetzung auch immer bis zu einem gewissen Grade eine Interpretation darstellt, denn es lassen sich in einer anderen Sprache nie alle Dinge in der gleichen Weise und mit den gleichen Bedeutungsaspekten ausdrücken wie in der Ausgangssprache.

Bei diesen Gebeten liegt allerdings insofern sogar eine zweifache ‚Interpretation' vor, als viele von ihnen vorher schon aus der jeweiligen indianischen Ursprache ins Englische übersetzt worden sind. Es kommt hinzu, daß viele Zeremonien und damit auch viele Gebete einerseits lautmalende Worte enthalten, die auch in der jeweiligen indianischen Sprache keine denotative Bedeutung haben; andererseits werden in ihnen oft Personen und Geschehnisse der jeweiligen Mythologie angesprochen, die nur für denjenigen verständlich sind, der sich zuvor mit dieser Mythologie beschäftigt hat. (Um das an einem Vergleich aus unserem Kulturkreis deutlich zu machen: Namen wie Mose, Job oder Jona vermitteln nur für denjenigen die gängigen Konnotationen oder Assoziationen, der mit dem Alten Testament einigermaßen vertraut ist.)

Auch fallen uns bei manchen Texten Formprinzipien auf, die uns fremd sind, z. B. die vierfache Wiederholung. Zum einen ist Wiederholung der gemeinsame Nenner eines großen Teils indianischer Poesie. Zum anderen ist die heilige Zahl der meisten indianischen Stämme Nordamerikas nicht die Drei, sondern die Vier. Darum werden zentrale Wendungen oft viermal gesprochen.

Darin erkennt man zugleich den rituellen Ursprung vieler Gebete. Sie vermitteln fast den Eindruck von Beschwörungsformeln, die eben durch die Wiederholung um so wirksamer werden. Und da die Wirksamkeit der Gebete von Indianern durchaus auch so verstanden wird, daß die gesammelte psychische und spirituelle Energie von den Betenden auf dem Wege einer umfassenden spirituellen Vernetzung unmittelbar auf das Gemeinte übergeht – also die Erfüllung von Gebeten nicht auf dem We-ge über einen allmächtigen Gott, sondern direkt erfolgt –, ist das Prinzip wiederholter Benennungen und Ansprache auch durchaus verständlich.

Neben den Wiederholungen spielen Parallelismen eine große Rolle. Durch beide Charakteristika erin-

nern manche Texte an christliche Litaneien. Der Endreim, der für uns so wichtig ist, spielt dagegen gar keine Rolle. Dafür begegnen wir gelegentlich dem Stabreim und häufiger der Personifikation. Diese ist eine selbstverständliche Ausweitung des schon gekennzeichneten Spiritualismus von Indianern. Ein Gegenstand, der als beseelt verstanden wird, ist damit in gewisser Weise schon personifiziert.

Es gehört wohl in den gleichen gedanklichen Zusammenhang, wenn man beim Lesen dieser Texte feststellt, daß Attribute imperialen Ursprungs kaum von Indianern auf Gott angewandt werden. Da ist nicht die Rede vom ‚ewigen Herrscher‘ oder vom ‚König auf höchstem Thron‘. Ebenso fehlt der Ausdruck der Selbsterniedrigung des Menschen vor Gott. Der Gestus der Anrede Gottes bei Indianern geht eben nicht in Richtung eines Aufweises von Gegensätzen zwischen Mensch und Gott oder zwischen Welt und Gott, um so eine absolute Majestät Gottes herauszustellen; sondern er geht in Richtung einer vereinenden und verbindenden Weltfrömmigkeit.

Eine weitere Besonderheit der Übersetzung dieser Texte soll an einem Beispiel aufgewiesen werden: Manche indianischen Sprachen sprechen das göttliche Prinzip, den Großen Geist, das Große Geheimnis, gern als ‚Großvater‘ an. In unserem Kulturkreis ist diese Bezeichnung für Gott gänzlich ungewöhnlich. Geläufig ist dagegen die Bezeichnung ‚Vater‘. Aus diesem Grunde wurde in den vorliegenden Gebeten dort, wo sich die Bezeichnung ‚Großvater‘ für

Gott fand, für den deutschen Leser die Benennung ‚Vater' gewählt. Es schien, daß eine wortwörtliche Übersetzung an solchen Stellen dem umfassenden Verständnis der indianischen Texte eher abträglich als zuträglich gewesen wäre.

Insgesamt wurde großer Wert darauf gelegt, die Texte sprachlich und inhaltlich so authentisch wie möglich zu erhalten. Bei manchen Gebeten wurden außerdem erläuternde Texte von Indianern oder von hervorragenden Kennern indianischer Religiosität unter (oder neben) dem jeweiligen Gebetstext hinzugefügt.

Man kann also davon ausgehen, daß auch in dieser deutschen Fassung von Texten indianischer Spiritualität wichtige Grundzüge indianischer Begegnung mit dem Göttlichen sichtbar werden; daß hier also indianische Religiosität zum Ausdruck kommt.

Rudolf Kaiser

Literaturverzeichnis

Viele der vorliegenden Texte wurden in persönlichen Gesprächen mit Indianern auf nordamerikanischen Reservationen aufgezeichnet; andere wurden in indianischen Museen und Ausstellungen gefunden; wieder andere stammen aus indianischen Zeitungen, Broschüren, Filmen und Vorträgen.

Die übrigen Texte sind folgenden Werken entnommen:

Alexander, Hartley Burr: The World's Rim – Great Mysteries of the North American Indians; Lincoln/Nebr. 1967.

Astrov, Margot: The Winged Serpent – An Anthology of American Indian Prose and Poetry; New York 1946.

Beck, Peggy V. / Walters, Anna L.: The Sacred – Ways of Knowledge, Sources of Life; Tsaile, Navajo Community College, Navajo Reservation 1977.

Brandon, William: The Magic World – American Indian Songs and Poems; New York 1971.

Brown, Joseph Epes: The Sacred Pipe – Black Elk's Account of the Seven Rites of the Oglala Sioux; New York 1971.

Cushing, Frank H.: My Adventures in Zuni; New York 1910.

Day, A. Grove: The Sky Clears – Poetry of the American Indians; New York 1951.

Deloria Jr., Vine: God is Red; New York 1973.

Densmore, Frances: Teton Sioux Music; Bureau of American Ethnology Bulletins 61; Washington/DC 1918.

Densmore, Frances: Papago Music; Bureau of American Ethnology Bulletins 90; Washington DC 1929.

Evers, Larry (Hrsg.): Suntracks 4 – Native American Perspectives; Tucson 1978.

Foss, Phillip (Hrsg.): Spawning the Medicine River 2/3; Santa Fe/ N. Mex. 1980.

Frisbie, Charlotte Johnson: Kinaaldá – A Study of the Navajo Girl's Puberty Ceremony; Middletown/Conn. 1967.

Gill, Sam D.: Sacred Words – A Study of Navajo Religion and Prayer; Westport/Conn. – London 1943.

Hobson, Geary (Hrsg.): The Remembered Earth – An Anthology of Contemporary Native American Literature; Albuquerque, University of New Mexico Press, 1979.

Hodge, Gene Meany: Four Winds – Poems from Indian Rituals; Santa Fe/N. Mex. 1977.

Krupat, Arnold: Woodman or Thoreau and the Indians; New York 1979.

Lame Deer / Erdoes, Richard: Lame Deer, Seeker of Visions – The Life of a Sioux Medicine Man; New York 1972.

Levitas, Gloria / Vivelo, Frank Robert / Vivelo, Jacqueline J. (Hrsgg.): American Indian Prose and Poetry; New York 1974.

McLuhan, T. C. (Hrsg.): Touch the Earth – A Self-Portrait of Indian Existence; New York 1971.

Matthews, Washington: Navajo Myths, Prayers and Songs; Univ. Calif. Publ. Am. Arch. Ethn., Vol. 5, No. 2.

Mischkowski / Rösner: Native American Short Stories – Model Interpretations; Stuttgart 1991.

Momaday, N. Scott: House Made of Dawn; New York 1966.

Morey, Sylvester M. / Gilliam, Olivia: Respect for Life – The Traditional Upbringing of American Indian Children; New York 1974.

Neihardt, John G.: Black Elk Speaks – Being the Life Story of a Holy Man of the Oglala Sioux; New York 1959 ([1]1932).

Ortiz, Alfonso (Hrsg.): Look to the Mountain Top; San José/Ca., 1972.

Paige, Harry W.: Songs of the Teton Sioux; Los Angeles 1970.

Powers, William K.: Oglala Religion; Lincoln – London 1977.

Rosen, Kenneth: Voices of the Rainbow – Contemporary Poetry by American Indians; New York 1975.

Rothenberg, Jerome: Technicians of the Sacred; New York 1969.

Saxton, Dean and Lucille: Oothham Hohók Aagitha – Legends and Lore of the Papago and Pima Indians; Tucson 1973.

Silko, Leslie Marmon: Storyteller; New York 1981.

Spinden, Herbert and Joseph: Songs of the Tewa; Santa Fe/N. Mex. 1976.

Starkloff, Carl F.: The People of the Center – American Indian Religion and Christianity; New York 1974.

Steltenkamp, Michael F.: The Sacred Vision – Native American Religion and its Practice Today; New York 1982.

Tedlock, Dennis and Barbara: Teachings from the American Earth – Indian Religion and its Practice Today; New York 1975.

Underhill, Ruth M.: Singing for Power – The Song Magic of the Pa-

pago Indians of Southern Arizona; Berkeley, University of California Press, 1938.

Underhill, Ruth M.: Red Man's Religion – Beliefs and Practices of the Indians North of Mexico; Chicago – London 1965.

Williamson, Ray A.: Living the Sky – The Cosmos of the American Indian; Boston/Mass. 1984.

Witherspoon, Gary: Language and Art in the Navajo Universe; Ann Arbor, University of Michigan Press, 1977.

Vom selben Autor liegen folgende Titel vor

Rudolf Kaiser
Die Erde ist uns heilig
Die Reden des Chief Seattle und anderer indianischer Häuptlinge
Herder/Spektrum
Band 4079

Indianische Kinder- und Wiegenlieder
Herder/Spektrum
Band 4220

Ich mischte Sand und Sterne
Indianische Liebeslyrik
Herausgegeben und aus dem Amerikanischen übersetzt von Michaela und
Rudolf Kaiser
GTB 796 Gütersloh

Rudolf Kaiser
This Land is Sacred
Views and Values of North American Indians
(Kursbuch für die Kollegstufe – Englisch; Schüler- und Lehrerband)
Schroedel Verlag, Hannover

Rudolf Kaiser
Die Stimme des Großen Geistes
Prophezeiungen und Endzeiterwartungen der Hopi-Indianer
Kösel Verlag, München

Rudolf Kaiser
Gott schläft im Stein
Indianische und abendländische Weltansichten
im Widerstreit von Ganzheitlichkeit und Dualismus
Kösel Verlag, München

Rudolf Kaiser
Im Einklang mit dem Universum
Aus dem Leben der Hopi-Indianer
Kösel Verlag, München

Bücher für eine neue Sensibilität

HERDER / SPEKTRUM